SMART Reading 智慧閱讀

多媒體語文教學模式與實踐

許育健
徐慧鈴 ◎著
林雨蓁

推薦序 1

教育科技，跨界整合

◎賴阿福（臺北市立大學資訊科學系系主任）

　　處於這個資訊科技時代，現代教師無可避免地須嘗試運用數位教學工具以提升教學效能及學習成效，甚至作為解決或改善教學困境及學習問題之利器。如何結合資訊科技以發展新的教學模式或教學活動？如何運用數位化教學策略及模式進行教學設計？應是教師須用心思考的方向。然而，科技不是萬靈丹，教學不能只追隨科技的發展，應該善用教學策略及發揮數位工具特質，以教學設計創造出有意義的學習活動，用科技來豐富語言學習情境。進入這個科技蓬勃發展的時代，科技也為教育帶來了新的可能，那麼，科技又將為國語文課堂打造什麼樣不同的學習樣貌呢？

　　十二年國教即將實施，教育更加重視核心素養的培養，換言之，任何教學活動都強調透過合作、溝通、應用（科技資訊），培養學生成為既能獨立探究，也能與人協作的新世代人才（Global collaborator）。這對接受傳統語文教學訓練的教師而言，不免造成些

許壓力，尤其在閱讀理解受到極大關注的今日，國語文的閱讀素養導向教學，又該如何準備？如何進行？

　　本書作者許育健教授擁有豐富的小學教學實務經驗，長久以來致力於國語文教學研究，在閱讀理解教學領域已是權威。共同作者慧鈴老師在研究所期間，曾選讀本人兩門課程，在資訊科技融入教學方面，她展現出過人的熱情及追求教學創新的特質；雨蓁老師亦是本校課程系所畢業的高材生。此次，師徒三人攜手完成這本《智慧閱讀——多媒體語文教學模式與實踐》，系統地介紹了閱讀教學的創新理念、智慧閱讀的實踐經驗、智慧閱讀的規劃脈絡。對於有心推動閱讀教學創新的教師，這是一本提供跨界整合教學思維的著作，值得細細研讀。

　　「興趣是最好的老師」，善用數位學習工具，教師就像魔術師，引發學生注意及學習興趣，並建立愉快且積極的學習氣氛。相信《智慧閱讀——多媒體語文教學模式與實踐》將可為教師與學生，創造更有意義的學習環境，以及更高效能的語文課堂，讓閱讀更 SMART ！

翻轉傳統閱讀的推進器

◎吳權威／醍摩豆（TEAM Model）（智慧教育創辦人）

很興奮，育健教授團隊的智慧閱讀大作終於出爐了！

許育健教授是語文教學專家，也是語文教材研究專家。他對各地語文教材發展有非常深入的研究，他的博士論文就是兩岸四地語文教材發展比較研究，非常熟悉各地語文教材開發的脈絡。他也是海峽兩岸最知名的智慧閱讀專家，經常飛往各地指導智慧閱讀，包括北京、上海、成都、寧波……協助許多智慧學區與智慧學校成功導入智慧閱讀。

「智慧閱讀」是大多數人陌生的新名詞，然而，卻是許育健教授團隊研究多年的成果。這本書是他們在累積實驗與研究珍貴成果後，寫下經驗與智慧的閱讀教學專著，是非常值得參考與實踐的推動閱讀新模式，是引領我們少走彎路的可行方案。

所謂智慧閱讀，就是在智慧教室環境下，運用合作學習教學法，進行閱讀問思教學。換言之，它是深度融合智慧教室、團隊合作學習，

以及閱讀問思等三項現代教育技術與理念的「智慧型」閱讀教學活動。這種深度融合的創新教學模式，突破了傳統閱讀教學的限制，創造了全新的課堂境界，就像作者徐慧鈴老師的譬喻，這是一種更容易創造心流的智慧課堂。

　　百聞不如一見，育健教授團隊是學術研究者，也是智慧課堂的實踐專家，有機會一定要親自觀摩一下作者們的公開授課，這樣，不但可以看見傳統閱讀與智慧閱讀的明顯差距，也一定會有全新的、震撼的智慧課堂體驗。我經常與育健教授同行到各地指導教師專業發展，看他親自示範精彩的智慧閱讀課堂所帶來的熱烈迴響。我也常常觀摩慧鈴老師的智慧閱讀課，特別是她代表臺北戰隊參加「兩岸智慧好課堂邀請賽」的精彩課堂，這些都是不可錯過的智慧閱讀課堂經典。

　　《智慧閱讀──多媒體語文教學模式與實踐》這本書，有理念、有模式，更有可複製的實踐案例，為已經建置醍摩豆智慧教室的小學和中學，提供一套具體可行的創新閱讀教學方法和策略。讓我們在智慧教室環境下，更有系統的規劃與導入閱讀教學活動。讀這本書，可以清晰看見理念與運用的思路；若能進一步邀請作者們，親自指導示範與帶領工作坊，就更棒了，必定會感受到醍醐灌頂的學習成效。

　　這本書與我今年初（2017 年）剛剛完成的新書《智慧教育之教師專業成長理念與案例》，具有相互輝映、相得益彰的作用。《智慧教

育之教師專業成長理念與案例》這本書，深度剖析智慧教師、智慧模式、智慧課堂等教師專業發展的三層式鷹架，提供具體可行的發展策略與工具；而《智慧閱讀──多媒體語文教學模式與實踐》這本書則在此基礎上，發展出具有語文閱讀學科領域特色的教師專業成長新教材。這書本的教案，也是依照技術（technology）、教法（pedagogy）、教材（content），TPC 三者深度融合的教學設計，讓教學者能更體會三者充分整合所創造的優勢。

　　我們的智慧教育團隊推動教育創新，在全球範圍內建置了超過五萬間智慧教室，協助數十萬教師提煉智慧，造福超過兩百萬幸運學生受惠於現代智慧課堂。我們發現「以學生為中心」、「教師專業成長」與「成熟穩定的支持系統」是發展智慧教育成功的三大支柱。這本書，就是以醍摩豆智慧教育支持系統為基礎，以團隊合作學習、閱讀問思來實踐「以學生為中心，促進教師專業成長」的好書。

　　推動智慧教育，「我不是在指導智慧教育，就是在飛往智慧學區的路上」。本文是在成都飛回臺北的機艙裡，一字一字刻下的感想與感動，也表達由衷感謝，感謝育健教授團隊所付出的努力與貢獻，為智慧教育點燃一盞明燈。

　　相信這本書是翻轉傳統閱讀的推進器，是創新閱讀教學的新希望。

無比美好的「遇見」

◎崔麗霞（寧波市江北區教育局教研室）

　　「閱讀猶如旅行」——當我們還在許教授著寫的《高效閱讀——閱讀理解問思教學》一書中暢遊，他又為我們帶來了新的目的地《智慧閱讀——多媒體語文教學模式與實踐》。有幸在本書正式出版之前拜讀大作，既有故地重遊的熟稔親切，又有初來乍到的意外驚喜。

　　的確，遇見許教授，也是一個美麗的「意外」。2011年8月，「兩岸同上一堂課」，許教授與我同課異構《珍重再見》，他帶著獨特的教學法與我們分享他的專業與睿智。在課堂上他利用 IRS 反饋器，充分調動每一個孩子參與到學習中來，並根據 IRS 呈現的資料推進下一步的教學。那個時候，他的智慧閱讀似已初見端倪，他的教學智慧更是獲讚無數。接下來的日子，許教授受邀頻繁往返於兩岸之間，將他的「閱讀理解問思教學」為我們做系統地培訓。還記得曾連續參加兩期培訓的老師這麼說：「我覺得自己最大的收穫是在閱讀命題方面的提高。對於平時接觸到的一些閱讀題，有了鑑賞、批判的眼光。同時，

我明白了自己該如何出閱讀題，對於題目的大體分類、難易度把握、順序安排等方面都有了較好的掌握。也就是說，現在給我一篇課外閱讀，我能好好出題，而不是像以前一樣不知如何下手了。」

　　如今，又見許教授將出新書《智慧閱讀──多媒體語文教學模式與實踐》，他的「閱讀理解問思教學」順應時代變革，借力現代教育技術，可謂如虎添翼。眼下，教育技術的飛速發展，迫使我們必須重新思考傳統的教學，從固定的學科到學科的融合，從固定學科時間到自由專題時間，從考試評價到成果展示，各種教學的新型態正在不斷湧現。IRS 反饋器、平板的使用進一步推動了以專題、任務、問題為基礎的深度學習，學習者不再只是消費現有的學習內容，轉而借助各種各樣的數位化工具上傳各種學習成果，成為學習內容的生產者和創造者。學習平臺的開發利用，線上線下的混合式學習，大資料的學情分析，使課堂有了更多的師生、生生互動，大大提升了合作學習的效益，同時也為個性化學習提供了有利條件。然而技術的智慧並不能產生直接的教學效益，它需要使用技術的人來精心設計，科學開發，合理使用，才能為教學提供強有力的支撐。許教授在現代教育技術與課堂教學深度融合這一研究領域，又先行一步，為我們提供了寶貴的理論與實踐經驗，真是令人欣喜。

　　作為一名語文教師，一個語文教學研究者，內心裡總是存在著這

樣一種美好的願望——我們的孩子喜歡讀書，有獨立閱讀的能力，因為有書的陪伴，他們很有知識，真誠善良，還斯文、有禮，有詩意……就像許教授那樣。

　　遇見教授，遇見閱讀，遇見技術，如此美好！

推薦序 4

改變，遇見不一樣的美好

◎陳權（四川智慧教育聯盟理事、成都益教信息技術有限公司總經理）

　　智慧教育，簡單來說就是一種「教和學方式的創新」，而我的工作就是幫助教師改變傳統的教和學方式，推動教育科技在教學中更有效的應用。在很多學科之中，我們已經建構出許多可複製的教學應用模式，取得了不小的成就；但是在文科，特別是語文，我們遇到了難以想像的阻礙！許多語文老師認為，語文是重感覺的、發散的、難以結構化的，當我們的教育科技系統在語文老師那裡「寸步難行」時，我們便開始反思：「難道我們錯了嗎？語文學科真的不能和資訊技術融合運用嗎？我們應該如何為語文老師提供教學上的助益呢？」

　　這些困惑當我「遇見」育健與他的智慧閱讀時，一切都發生了改變！許育健教授在個人多年實務與理論共構的基礎上，發展出獨到的「智慧閱讀」教學模式，堪稱資訊技術與學科教學深度融合之典範。我們有幸得到育健教授的定期指導，在四川成都、雲南昆明，已有超過三百名以上的教師完成智慧閱讀系統培訓，並在教學中實踐，創造

了令人讚嘆的教學改變，帶來了精彩的課堂風景。

現在，我們的困擾是想要學習「智慧閱讀」的語文教師愈來愈多，然而育健教授已經分身乏術，因此，知道他的新作《智慧閱讀——多媒體語文教學模式與實踐》即將出版，令我們期待不已。此書從教育理念（閱讀素養）、教法（問思教學與合作學習）、工具（教育科技）、教師專業化發展（課堂實踐）四個方面詳細闡述了如何破解語文與資訊技術深度融合的困難，如何讓語文教師愛上智慧教室，以及如何給語文教學創造資訊劃時代的價值等急迫的需求！

身為一名狂熱的「教育科技深耕者」（我自許為教育界農夫的角色——教育，快不得），我相信現代教育，必須借助資訊科技創造教與學的無限價值，我以自己擅長的行銷與數據分析詮釋智慧教育的可能，企圖改變教育！和育健一樣，我們一直想要「為教育做一件有意義的事」，因此第一次遇見，即成莫逆。教育，可以成就一個孩子，而閱讀，正是開啟孩子學習大門的鑰匙。育健的《智慧閱讀——多媒體語文教學模式與實踐》開啟了我對語文教學的新思維，相信也會成為所有語文教師的助力。

改變，從此刻開始，讓我們一起遇見更美好的教育風景！

智慧閱讀，看見孩子的理解與思考

回想一下，你印象中的國文課或國語課，是什麼樣的情景？

老師在黑板上振筆疾書，滔滔不絕地講述，或有學生朗朗讀書，點頭吟哦、誦讀課本文句。如果是這般樣貌，那這百年來，應該都沒什麼改變吧！

為何不改變呢？或者，老師認為不需要改變呢？

也許是因為過去教師對於「閱讀理解」的認知，過於片面。一直認為孩子只要認識字、會念讀（包含朗讀），就代表他已經「理解」了。幸而，近三十年來，認知心理學研究領域有了許多突破以往觀點的發展（在本書會提及相關內容），我們終於知道，「看過」與「看懂」其實是一段歷程；也知道，認知理解其實是內隱的，是複雜的。於是，我們開始思考與關注：如何看見學生的理解，以及他理解的程度如何。

再從另一個角度來談，語文教學與教育科技的關係，相對於其他學科領域，一直是比較「遙遠」的。大部分的老師認為，語文教學不

就是聽、說、讀、寫，反覆的練習，或者文學賞析、文化知識的闡述罷了，跟教育科技無關，咱們井水不犯河水，保持距離較佳。

以前的我，也是這麼認為。

然而，時至今日，大部分的教室都多了一些「新朋友」，比如個人電腦、投影機、投影布幕；或者更好一些，有了內嵌式的互動式電子白板（Interactive White Board, IWB），甚至有了學生用的即時反饋器（Instant Response System, IRS）、平板電腦（Pad），當然老師也帶了一個隨時的工具──行動電話（手機）。當諸如此類的科技產品存在於語文課堂之中，我們能視若無睹嗎？或者，更積極的思考，「它們」可以在語文教學中，扮演什麼角色，讓教學更輕鬆、學習更有效？

約莫六年前，我第一次接觸到互動式電子白板與即時反饋器（就是俗稱的「按按按」），在劉林榮校長及吳權威教授的鼓勵下，我鼓起勇氣，持著「不妨一試」的心態，在既有的「閱讀理解問思教學模式」（可參閱拙作《高效閱讀──閱讀理解問思教學》）基礎之上，加上分組合作學習的理念與作法，嘗試以 HiTeach 教學軟體，整合 IWB、IRS 與 Pad 三項教育科技工具，並在多堂公開課的試煉下，終於建構了「智慧閱讀」的互動多媒體語文教學模式。

如果要問：為何要發展智慧閱讀？這對現場的語文教學或閱讀教學有何重要性？簡要的解釋是，透過閱讀問思、合作學習與教育科技

的整合應用，即可「看見孩子的理解與思考」（傳統課堂很難立即且直觀的掌握學生的學習狀況，尤其是閱讀理解），這就是智慧閱讀最重要的核心價值！

回顧智慧閱讀教學模式研發與推廣的過程，必須感謝許多人。

首先，感謝網奕資訊科技集團吳權威教授長期支持「智慧閱讀」教學模式推廣所需的軟硬體，也感謝王緒溢博士及梁仁楷博士在教育科技應用與分組合作學習模式提供寶貴的建議。在研發過程中，多次與中國大陸寧波市江北區教研室崔麗霞主任進行語文教學專業上的研討與請益，收穫良多；另外，成都益教信息技術有限公司的陳權先生、姚亮先生與王慶武先生，以及銀都小學的鍾敏老師等幾位好友也長期提供各項諮詢與協助，在此也一併致謝。這是一個產學合作、互惠雙贏的成功模式。

其次，要感謝這幾年合作發展的地區及學校有：在臺灣有臺北市南港區南港國小、臺北市文山區志清國小、臺北市大安區金華國小、新北市金山區中角國小、新北市石門區老梅國小、嘉義縣竹崎鄉鹿滿國小、桃園市大有國中、桃園市龍潭國中等中小學；在中國大陸有浙江省寧波市江北區惠貞書院等優秀小學、四川省成都市高新區成都師範銀都小學、天府新區華陽實驗小學、北京市東城區分司廳小學、北京市朝陽區望京實驗學校等，當然也包含我曾公開授課的數十所中小

學的師生。

　　也要感謝教育部自 2014 年起，連續三年的師資培育大學精進師資計畫的專案補助，讓我們得以持續發展更為精緻的教學模式，並承辦許多研習，將智慧閱讀的觀念與作法推廣給師資生及在職教師。

　　當然，不能忘了本書的另外兩位共同作者——臺北市文山區志清國小徐慧鈴老師、臺北市大安區金華國小林雨蓁老師，由於他們分別在中、高年級以嚴謹的行動研究設計，進行為期一年的教學實驗，學生的閱讀理解能力無論在量化或質性的表現上，皆為智慧閱讀的可行性與有效性提供最佳的實證與示例。

　　承上所述，本書的內容是從教學實踐中，一點一滴提煉出來的；經過多年的運作，已經證實，對學生的學習很有助益。

　　在篇章的安排上，一反大部分教學論著先理論後實務的篇章順序，而是以〈緣起〉及兩則故事為開場，再回顧閱讀理解的相關理論，以及合作學習與教育科技應用的相關概念，最後再呈現本書的主角——「智慧閱讀」其理念、模式與建構歷程，並於末章提供教師學習「智慧閱讀教學模式」的課程地圖，讓有志者也可以循序漸進地掌握智慧閱讀的相關知能。

　　希望這是一本好讀，也是好用的書。讓我們一起為孩子的閱讀而努力！

目錄

Chapter
1

緣起：當語文遇見科技

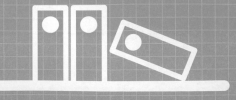

看見 / 看懂

如何豐富人生的閱歷？

依我的經驗，可以粗分為有文字的，或者沒有文字的；也可以用比較專業的語詞，就是「閱讀」與「旅行」。關於旅行，幾乎所有的人都同意「行萬里路，如讀萬卷書」。旅行，始終帶著人們深刻的經驗與感受，透過眼見、耳聞，逐漸開展了人生的視野。

相對於旅行，閱讀可就不是一件容易的事了，因為沒有人「天生」就會閱讀，閱讀需要學習，它是由許多複雜的能力所組合而成。以中文閱讀而言，要先能「識字」──一個又一個的方塊字，對於這些字的形、音、義都達到某種程度的掌握（以閱讀一般書報而言，應該要有三千至五千個字的識字量）；其次，對於這些字所形成的詞或短語，要能理解與區辨，比如：「丁阿小手牽著兒子百順，一層一層樓爬上來。」這句話，你必須有要能力區辨成下面的語詞理解：

「丁阿小　手　牽著　兒子　百順，一層一層　樓　爬　上來。」

當你能快速（不加思索）的，把上面的 18 個字，看成 9 個語詞，代表你「應該」具備了理解詞彙與辨識語法的能力，也就是我們所稱的閱讀「流暢性」；基本上你能讀懂大致的句意了（好像知道某人做了什麼事之類的）。可是，這還不夠，你必須在腦中有清楚的畫面：有一個人，名叫丁阿小，小心地牽著他的兒子──百順，在樓梯間，

一層又一層的，慢慢的，爬上樓……。然後，接著讀下一句，「高樓的後陽臺上望出去，城市成了曠野，蒼蒼的無數的紅的灰的屋脊，都是些後院子、後窗、後術堂，連天也背過臉去了，無面目的陰陰的一片，過了八月節還這麼熱，也不知它是什麼心思。……」❶瞬間，你腦海中的畫面從「樓梯間」轉換成「廣闊的城市面貌」，顏色與氣氛，都感受到了。此刻，你正在進行**「理解」**，一句接一句，一段續一段，把抽象的文字符號轉化為具體的事物形象或程序概念，這才完成了閱讀的旅行——閱讀理解（reading comprehension）。

　　原來，一個又一個的字，只要我們的視力正常，應該都可以**「看見」**；然而，要能**「看懂」**詞彙、句子、段篇的意思，那可是要費不少腦力呀。換言之，閱讀，不僅是識字，而是讓自己「見字，卻不見字，直知其意」，才有理解的可能。

---

❶ 此二句引自張愛玲〈桂花蒸　阿小悲秋〉。

聚焦：語文教學中的「閱讀」

工具性＋文學性＋文化性

以語文教學的面向視之，每一篇文本，至少可以審視其語文的「工具性」（即字、詞、句、段、篇的語文知識）、「文學性」（即語言文字呈現的美學蘊涵）及「文化性」（即文本中所承載的社會人文等相關知識內涵）；此外，更要思索文本所支持的語文能力習得為何，亦即是否能透過文本為材料，習得聽、說、讀、寫等語文基本能力，以合宜的態度，展現於生活中的應用與問題解決，並成為各學科領域的學習基礎。這也就是十二年國教所稱的「語文素養」。

近年來，隨著國際閱讀評比（如 PIRLS 與 PISA）引起眾人注目，以及社會、學校教師與家長們對「閱讀能力」的重視，原本被視為理所當然的「閱讀」行為，在國內興起了諸多的討論；尤其在教育界，自中央主管機關到地方縣市政府，乃至於各級學校，尤其是小學，儼然興起了一股閱讀推廣的風潮。然而，檢閱歷次國民小學（國語）課程標準，乃至於九年一貫課程綱要之中，其實──「閱讀」一直都在，從未離開。那為何現在要如此強調呢？是以前存而不論，抑或教而不實？還是，這個當紅的「閱讀」其本質內涵作法都與「語文教學」中的「閱讀」已經「貌合神離」？

國語科混合教學的內涵

　　臺灣的國語文教學，主要的教學理論基礎即「國語科混合教學法」，最初見於民國 31 年公布的課程標準中：「初級國語教學，要和常識教材配合，並且要用混合的方法教學。」民國 41 年又修訂：「第一、二學年讀書、作文、寫字各項作業，以混合教學為原則。」其後，無論是民國 64 年版、民國 82 年版的國語科課程標準，乃至於目前所頒行的 89 年版九年一貫課程暫行綱要，以及 89 年、97 年頒布的九年一貫課程綱要，在國語科（國語文學習領域）的教學原則（方法）一項中，都維持不變的主張：「國語科宜採混合教學法，以讀書（閱讀）為核心，與聽、說、作、寫各項教學活動密切聯絡。」

　　然而我認為，與其說國語科混合教學是一種教學法，不如說它是一種教學理念，它是相對於「讀書」、「說話」、「作文」、「寫字」等個別教學法而稱之。由於國語科包括這四項主要的語文活動，但這些學習活動彼此互為關聯，是不可分割的；它不是化合夾雜在一起的，仍然要有系統、有步驟，作計畫的安排。實施混合教學，首先要「統整教材」，按單元教學內容的性質及其需要，把讀、說、寫、作的教材，作一系列的安排，孰先孰後，都要妥善的計畫。這些單元通常各有其中心思想（要旨），但每課也有其題旨，可以整合教之，也可以分課

深究。也重視各課語詞生字的習寫教學。由此可知，雖名為混合教學，但無固定的教學方式與模式，必須根據教學單元的學習目的、教材的性質、教學的需要、兒童的語文程度，以及教師的教學經驗，來決定每單元的混合教學方式。

在進行混合教學前，要分析課文，充分掌握課文的重點、特點、難點，以便教學時靈活運用。其中，課文的內容與形式的深究與鑑賞是教學重心所在。此外，運用發問的技巧，可以加強思維訓練，這也是混合教學十分強調的。其他如講述、啟發、自學輔導、練習、發表、討論等教學法，其實也都是混合教學法可以交互運用的教學方法。混合教學雖無固定的模式，但它強調預先的計畫與安排，因此教學活動設計中便有些特定的項目內容需要陳述明白。在教學前，必須針對單元名稱、教學目標、教學範圍等進行分析。至於教學活動流程，大致包含八個步驟：1.課前預習；2.概覽課文；3.大意探討；4.生字新詞練習；5.內容深究；6.形式深究；7.延伸討論；8.仿作練習。其中，主要的重點在「課文深究」──包含「內容」與「形式」深究，內容是指文章的主題、主旨、大綱、大意、題材的選擇與應用；形式是指篇章結構、段落組織、句法、語辭等技法。最後的綜合活動是提供學生單元內容的統整與練習的機會。接下來，談談所謂的「閱讀教學」。

何謂「閱讀教學」？

「閱讀教學」可分為狹義與廣義兩方面來談。狹義的「閱讀教學」，存在於前述語文課中的「內容深究」與「形式深究」；換言之，即透過老師的引導，讓學生理解課文中的「寫什麼？」、「為什麼寫？」、「怎麼寫？」三大部分。這也是過去一般中小學教師所認知的「閱讀教學」。

廣義的閱讀教學，有兩大目標：其一為透過各式各樣的活動引發孩子的「閱讀興趣」與習慣閱讀的態度；其二是以多元的教學方式培養孩子的「閱讀能力」（尤其指閱讀理解能力）。就學校教育而言，閱讀興趣與閱讀能力都是應該重視的；然而前者屬情意範疇，雖然社會、家庭、學校可藉由各種活動方式試圖啟發孩子的閱讀興趣，但也關乎讀者本身的特質與能力，不一定會成功，也不必然一定要成功（現今許多人並沒有閱讀的興趣習慣，卻不妨礙其工作與生活）。後者，即「閱讀能力」則屬認知與技能範疇，這也是一項重要的學習、工作與生活的能力；因為在各類資訊充斥的今日，由文字符號系統所構成的文本，必須透過閱讀的生理與心理歷程，才能取得「意義理解」，例如讀文章、讀小說、讀報紙、讀圖表、讀說明書、瀏覽網頁等，進而達成諸多的生活與工作任務。由此可見，學校教育或者課堂教學之中，閱讀能力的培養必然要擺在第一位，因為「沒有閱讀能力，就沒

有閱讀興趣；有閱讀興趣，就有基本的閱讀能力」。

　　就閱讀能力這部分而言，閱讀教學著重的是兩個層面，一個是「閱讀技巧與方法」，另一個則是「閱讀策略與認知監控」。閱讀技巧與方法，著重在技術性的習得，如朗讀、指讀、圈詞劃線、眉批筆記、概念圖示、摘要等，這些都是協助閱讀理解的技巧，可以透過教學實務訓練學生習得此方面技能；另一層面乃立基於前者的知能，讓學生對於自己即將面對的閱讀任務，產生「計畫性」的思維與監控（亦可以「謀略」稱之），例如在閱讀歷程之中，能善用預測、推論、釐清、連結、自我提問等策略，甚至能以放聲思考監控自己的閱讀行為等，皆屬閱讀能力的教學重點。簡言之，閱讀能力教學乃期待讀者能具有基本的閱讀技巧與方法，進而適切採用多元的閱讀理解策略與認知監控，以最完整的閱讀經驗與方法，提升自我的知識與能力。

語文教學與閱讀教學的關係

　　從上述語文教學（尤指混合教學）與閱讀教學的內涵，我們可發現兩者的關係非常密切，卻也各有獨立的理論思維。

　　若以語文教學的角度切入，則發現閱讀教學一直都存在著，也一直都是語文教學的核心。若以混合教學歷程論之，閱讀教學存在於其概覽課文、大意探討、內容深究與形式深究，只是在語文教學中的閱

讀教學強調的是「文本內容和形式的理解與習得」而非專注於「閱讀技巧方法的學習與操作」。換言之，閱讀一向是語文教學課堂所重視，但偏重的是「內容」，而非「方法」。

若以閱讀教學的角度切入，可理解其視野不僅落於語文課本（文學性文本為主），其他由文字符號系統所形成的文本，諸如社會科學文本、自然科學文本等說明文類的文本，都是其文本的範圍，它不專屬於語文課，而是存在各學科領域的基礎學習能力。它所強調的方法，適用於各學科領域，閱讀能力是重要的「學習力」。

將此二者比較可知，語文教學包含注音符號、聆聽、說話、識寫、閱讀、寫作等六大主軸能力的任務目標。閱讀是其中重要的教學活動，也可視為核心之一，但不是語文教學的全部。語文教學有其大量字詞語料積累的任務，也有基本句式理解與應用的目標，當然也有段篇文章理解與寫作的要求，此三層次偏一不可，更是閱讀技巧方法與策略學習的基礎。兩者應相輔相成，不可易客為主，也不可以主制客。因此，語文課固有其學習目標，閱讀教學也有其理念作法，唯有合作互助，方能**讓學生「把語文學好」，也能「用語文學好其他學科」**。

本書主題「智慧閱讀」所指之「閱讀」乃含括廣狹兩者定義，既可應用於國語課的教學之中，亦可於閱讀課實施應用。

「活化」大腦的閱讀力

在進入閱讀與科技之關聯性探究前，先談論一下「閱讀」的相關概念。

從生理學的觀點，「閱讀」的產生是源自於眼睛及大腦一連串的認知運作。雖然近二十年來，由於腦造影的技術持續精進，讓我們得以一窺大腦運作的某些狀況；然而，閱讀的「複雜性」至今仍受到認知科學家持續的研究與關注，因為我們對大腦如何運作閱讀，所知實在太少。

閱讀需要學習

誠如法國科學家史坦尼斯勒斯・狄漢（Stanislas Dehaene）在《大腦與閱讀》一書中提到：「當我們的眼光停留在一個字上，我們的大腦毫不費力的給我們這個字的意義與發音。表面上看起來很容易，它其實是非常複雜的。」他將大腦專司閱讀的區域（枕側一顳葉區）比喻為一部極有效能的「心理辭典」，當眼球的視神經將文字的影像傳到此區，大腦便會啟動許多平行的認知神經機制，例如，由下到上（bottom-up）：先察形、辨音到識義的模式——猶如小孩初見「陽」這個字，搖頭表示不認得，其父母說：「這就是太陽的陽。」小孩就

在心理辭典搜尋是否有見過此字或聽過此音，來確認對這個字的認知；又例如，以由上到下（top-down）的模式來認知：其父母不直接解釋字義，而是指著文本上的插圖，讓小孩主動說出這是「太陽」，父母才說：「對，這個字就是太陽的陽。」換言之，大腦初見一個不認得的字時，可能同時啟動兩種認知的方法，其一由字音到字義，其二由情境（圖片）到字義。

　　上述內容只針對一個字的認知（也就是識字）為例，如果孩子開始依序讀起句子的每個字，從字的辨識，到詞的理解，進而到句子、段意……，其實是一個非常複雜的認知過程。在這過程中，必須透過漫長的語文教學，從語料（字詞短語）的累積、語意（句子）的理解，到語用（段篇）的展現等長時間的批次學習，閱讀的能力方能成熟。所以，**閱讀不是天生的，是學習而來的**。

大腦的讀取歷程

　　經過長時間的練習（依 J. Chall 的理論，大概就是在 7 ～ 10 歲的這段期間），大腦的「閱讀區」開始了良好的運行。然而，對於這個會閱讀的大腦而言，打開一本書，面對大量「字詞」逐一進行辨析理解，其實是很累的。所以，有一項機制能讓大腦的工作輕鬆些，就是

對於重複出現的字形或字音（曾經看過、聽過的），神經元會傾向「減敏」（減低敏感性），只有當大腦遇見「陌生」的字詞時才會「活化」神經元，啟動平行認知的機制。如此一來，閱讀速度便可以加快，這也就是所謂閱讀「流暢性」的概念——當識字量達到一定的程度，加上有效的識字策略解決（或猜測、或避略）原本可能形成的障礙，可讓閱讀字詞的速度加快，能流暢的提取語句的意義。

當讀者的大腦可以流暢的閱讀時，看似運作順利平常，其實也隱藏了大腦的「怠惰」。因為大腦在閱讀時，為求速度流暢及意義領會，對於許多的語句，往往「視而不見」或「視而不記」，只要「意義」能連貫即可（請試回想，您今天外出的路途中，還記得哪些景物？這其實不重要，因為總之您已經順利抵達目的地了）。換言之，讀者會「選擇性」的閱讀語句，除非有字詞不解、與過去的閱讀經驗不相符或猜測錯誤，才會暫停。這其實也是無可厚非，閱讀本來就是取得文字符號整體意義的歷程。

以「提問」促進閱讀思考

若問：我們是否可以在學生具有基本閱讀能力之後，即停止學校教育，讓學生們透過「自主學習」，理解世界的知識呢？相信大部分

的人都不會同意。這就涉及「引導者」角色的存在意義了，也就是教師或家長。

在此，先不論引導者的多元角色，就教學的層面而言，引導者可將知識系統更有效的整理，透過講解、圖示、操作等途徑呈現，讓學習者清楚明白。這種單向傳送，學生徒然接收式的教學方法，其特徵是大量，但不一定有效。就前述大腦運思的觀點而言，引導者的講述或學生的自主閱讀，都存在著「選擇性」保留的缺點，因為大腦無法在短時間內負荷過量的資訊湧入，所以引導者的「講完」不等於實質「習得」，讀者的「閱讀」也不等於完全「吸收」。此時，引導者若可透過另一種方式——事先的提問設計，於課堂中問「好問題」，讓兩者之間產生互動，大腦的運思就會大不同。

打個比方，假設我們在學生的頭頂裝上一顆紅色的警示燈，當大量負責思考的神經元被啟動連結時（也就是大腦被「活化」時），就會亮起。如果我們採講述式的教學（且學生都一直專心聆聽的狀況——這當然不太可能），大概偶爾會亮一下，表示新訊息觸動了學習與思考，但每個人亮燈的時機可能不同。如果教師問了一個讓學生必須仔細回顧文本或與同學討論的「好問題」，大概這紅燈會全班同時亮起，一直到問題被解決為止。

　　於是，從大腦運思的觀點而言，我們可以說：**沒有好問題，難有思考；沒有思考，就沒有學習。大腦、閱讀與好問題，三者息息相關！**

語文教學需要與時俱進

　　從事國語文教學與研究迄今已二十餘年，往往在每堂課之前，都會思考國語文領域教學的主要目的，不外是讓學生獲得更多的語文知識、讓學生享受語文學習的樂趣，抑或是讓學生學會語文學習的方法，進一步以語文進行其他學科的學習。

　　然而，從多項教學研究調查顯示，學生對於國文或國語科的喜愛程度，相較於其他學科，幾乎都是屬於「後段班」──較不受學生的歡迎。也許是因為許多語文老師認為，語文教學在於字詞篇章的理解與積累，所以只要一本書、一支粉筆、大大的黑板，再透過仔細、不厭其煩的「講述」辭章義理，國語文的教學於焉完成。但在今日數位資訊充斥，人際溝通也大幅仰賴社群通訊軟體、手機與平板電腦等軟硬體設備，學生對於類似「一支粉筆走天下」的傳統課堂呈現方式，總有「時空錯置」之感──數位資訊與媒介不是很多嗎？為何老師還只顧講述課本內的固定知識？這與過去的課堂又有什麼不同呢？在「滑世代」的數位原住民眼中，我們似乎成為與時代脫軌的舊時代人

類。另一方面，也是因為以講述為主的教學模式，無疑容易形成以「教師」為中心的教學取向，而不是以「學習者」為中心的教學取向。這是值得思考的現象。

再者，若您是一名長期關注學生語文學習的教師，以下幾個問題，或許也是您念茲在茲的：

「如何維持學生高度的專注力？」

「如何提高學生自主表達的願意？」

「如何讓學生的理解與思考可以呈現？」

「如何讓學生提高自信心與學習興趣？」

「問思教學」翻轉師生關係

為了改變語文教學的面貌，基於來自 PIRLS ❷ 閱讀理解歷程的啟發，以四層次的「提問」為核心，將文本講述與理解的主角，由教師轉換為學生，形成了為閱讀理解問思教學模式（圖 1-1）。相關的論述與實例，可參考許育健所著《高效閱讀——閱讀理解問思教學》。

自從實施問思教學之後，學生上課的專注度與學習興趣大幅提升。然而，在只有紙本與黑板（或單槍投影機與螢幕）等單向式媒體的一般教室，即面臨到一些問題，簡列如下：

---

❷ 關於 PIRLS，可參考本書 Chapter 4〈回顧一：我們所知道的閱讀〉中有詳細說明。

1. 學生是否真的找到文本知識的重要訊息？

2. 全班學生的理解情形如何？

（通常，一個提問活動只能請幾個學生發表）

3. 如何讓小組的成果，引發更多的討論？

4. 如何讓課堂更有趣，學生參與更多？

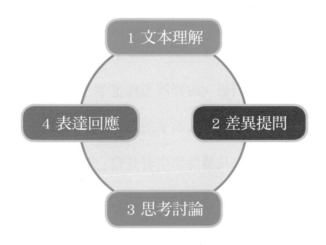

圖 1-1　閱讀理解問思教學模式

應用教育科技，提升教學

在某次的因緣際會，我接觸了網奕資訊科技公司的教育科技設備。我秉持著教育科技媒體輔助教學的基本原則——應用任何教育科技必須能使「**教學更輕鬆，學習更高效**」，否則就無須使用。在學習整合到我的語文教學過程中，我不斷地思考這些軟硬體的優勢，以及目前

語文教學遇到的困境，經過多次的授課驗證其效果，終於形成了本書的「智慧閱讀」教學模式。

　　智慧閱讀，就是秉持「一個都不能少，個個都被看見」的核心理念，以「閱讀理解問思教學」為主要模式，透過「分組合作學習」的方式，在相關「教育科技」的軟硬體設備環境下，讓每一個學生都能高度的參與閱讀理解與思辨討論，以表現出高效的閱讀理解及高度的學習興趣。主要的精神如下：

閱讀問思，透過不同層次的好問題促進學生理解；

合作學習，讓小組以合作又競爭的方式解決任務；

教育科技，多媒體科技輔助學生看見自己的思考。

迅速掌握「誰懂？誰不懂？」

　　某一堂課，對象是二十幾位四年級的學生。課前，我們素未謀面，但他們已經在前一天拿到我委託老師發下的文章及一張學習單。我請他們先在家自行預習。

　　課堂一開始，我告訴他們，今天我們要當閱讀旅行家，希望每個人都能成為閱讀「背包客」──能自主優游於文字之中。可是，我心底想著一個問題：在自主預習的過程中，「他們讀懂了多少？」還有，「誰懂？誰不懂？」。因為，如果我不知道他們的準備狀況

（readiness），我就不是為他們而教，只是為了教完這節課。

　　以前的我，有兩種方式可以解決我的疑惑：其一，全班前測，檢查他們的學習單（但有些其實不是他們「親自」完成的，而且檢閱學習單也費時）；其二，抽點幾位學生，問學習單的題目（這只是抽樣，我們都知道，這不代表全部的理解情形）。

　　為了解決這個教與學的關鍵，我將學習單的前五題，以 PPT 呈現（含選項），以 IRS 即時反饋器（反饋器，或是俗稱的按按按），讓學生即時作答。不到十分鐘，五個問題就作答完成了，而且透過即時長條圖統計，我知道了每一題的答題情形。

　　有幾題，全班都對了，代表我完全不必去講解；有幾題，有些同學答錯了，這真是令人興奮的時刻，因為我知道有多少人不會，甚至是誰不會了。每次出現這種對錯夾雜的情況，我不急著說出正確答案（這樣學生才有期待），當然也不會立即「翻牌」（在電子白板顯示每個人的答案），找出誰不會（這樣太不顧這些答錯孩子的面子了）。通常，我會請學生以小組的方式，再次透過文本的確認與理解，彼此討論與分享觀點。然後，再請全班針對此題「第二次作答」。

　　神奇的事發生了。

　　全班的答案往往會趨向一致，甚至完全相同，代表有些孩子從原本不會、誤解或不清楚，透過再次澄清與討論，達成正確的理解。這

過程，身為老師的我沒有講述任何內容，卻為孩子帶來學習的進步。

　　您也許會問，那些原本正確的孩子（也可能是所謂優秀的學生），不就浪費時間在等待落後的孩子嗎？

　　有一項研究可作為參考：依據美國教育學家 Edgar Dale 於 1946 年所提出的學習金字塔理論 （Cone of Learning），學習可分為被動的學習與主動的學習，單純的講述教學法對學生而言，在聽課完的兩週之後所能記得的內容僅剩 20%，其學習效果最低；但是，如果能馬上將學習的內容付諸行動或教導他人，則能記得 90% 的學習內容（這就是那些答對的學生）。所以，合作學習是促成雙贏（高成就 / 低成就）的重要方式，輔以教育科技的妥善應用，在課堂教學中，不僅可以知道誰不會，也可以即時解決學生的問題。何必一直要等，等到補救教學呢？

遇見：智慧閱讀（SMART Reading）的課堂景緻

　　數位時代下，各式的資訊無所不在，正被輕易的檢索與取用。這些便利的科技應用方式也造成了社會變遷快速，日新月異的數位科技巨幅地改變了人類的日常生活；當然，也逐漸影響教育學習。我們不難理解，傳統的教學方式，再也無法滿足這一代「數位原住民」的需求。科技，正以超乎想像的速度和方式變化更新中；在教室之外，這

個世代的孩子可以輕易地決定自己的學習方式與內容。教室之內呢？
我們似乎無法無視於這股靜默的力量正開始蔓延……

圖 1-2　智慧閱讀 SMART Reading 內涵

　　智慧閱讀（SMART Reading）乃指基於學生中心（Student
center, S）的教育理念，以閱讀問思教學的模組（Modules of Reading
Question-Thinking teaching, M）為基礎，建構學生自主學習的能力
（Autonomous learning, A）為目標，透過分組合作學習（cooperative
learning, R）與教育科技系統（educational Technology, T），形成彈性
適切之閱讀教學模式，期以提升學生各項閱讀理解能力，是教育科技
發展下具前瞻性的教學模式之一，更符應前述現代教育的需求。智慧

閱讀發軔於 2011 年臺北市的南港國小，我當時在此校任教，即以閱讀理解問思教學、分組合作學習為基礎，組織多名國語文教師，結合當時學校建置的教育科技環境，逐漸發展成智慧閱讀的教學模式。其後，在中國浙江省寧波市江北區開始了為期一年的模式建構與實踐，經過兩年的實踐運作，證實可大幅提升學生的閱讀理解能力（同一份具信效度的閱讀理解測驗比臺灣同年級的學生平均通過率高出十餘分）。自 2014 年起，在中國的北京、成都等地也積極開展智慧閱讀教學模式。就臺灣的實證成果而言，除了許多學校將教育科技設備應用於語文教學之外，本書作者徐慧鈴、林雨蓁兩位老師，在我的指導下，完成了嚴謹的碩士學位行動研究，證實效果良好。

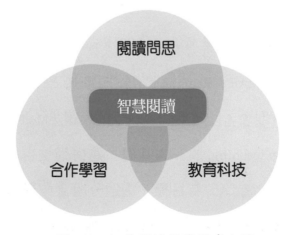

圖 1-3　智慧閱讀教學模式內涵

---

❸ 許育健（2015）。104 學年度教育部補助師資培育之大學精進師資素質計畫：子計畫 5 - 建構智慧閱讀之問思合作學習模式。臺北市：國立臺北教育大學。

　　智慧閱讀❸教學模式主要內涵（如圖 1-3）為，教師在教育科技設備輔助下，採合作學習之共學機制，透過文本閱讀、差異提問、思考討論、回應表達等問思四步驟的閱讀理解教學模式。這也是一套整合教育科技，經多年實踐經驗發展出來，創新且完整教學模式。在智慧閱讀教學中，透過網路，教師可以方便的使用網路資源組織教學活動，學生可以隨時點選網路上的課件進行自主學習；課堂活動中，師生可以立即傳送訊息、頁面、蒐集大量作答資料、進行即時學習診斷……，因此，智慧閱讀教學中，若能具備愈充足完善的教育科技輔具，其教學設計靈活度及教學效能必然愈提高。

　　然而，必須強調的是，智慧閱讀教學仍應以「閱讀理解問思教學」設計為導向，藉由文本分析，設計有層次的提問，並以小組合作學習的方式，再運用教育科技輔具，發揮工具特質的重要性，引導學生專注於閱讀理解學習活動之中。換言之，智慧閱讀的核心主角仍然是「教師」，透過教師的教學設計，科技即可用來豐富學習內容，提高學生的學習興趣和成效，打造高動機、高參與、高互動的智慧課堂，不僅成就學生，也成就教師，如此方能提升教與學的成效，展現智慧閱讀的價值。

　　以下，就由兩則故事開場，接著回顧與智慧閱讀相關的文獻，最後逐一揭示智慧閱讀的理念與模式，希望能有助於您的閱讀教學。

Chapter 2

故事一：
閱讀、科技、感動

孩子，「悅」讀嗎？

　　這是一個強調效能的時代，在教學現場更能深刻感受到閱讀理解能力對學習的影響。學生無論是作業習寫或評量應試，除了須具備學科領域的知識，最基本的條件是要讀懂題目；而生活中，各類書面資訊，也必須在閱讀時，有能力理解，才得以掌握內容要點。九年一貫課程綱要中明白指出，國語文教學以閱讀為核心，而作為國語文教學者，即便一直努力精進閱讀教學，仍會發生學生學習成效雖有些許進步，但，學習閱讀的興趣卻是愈來愈低的現象。

　　沒想到，在我的課堂裡，就出現這樣惱人的情況，在新學年度一開始的調查中，新接班共 27 位三年級學生，喜歡國語課的竟然只有 3 位；再以一份全國性閱讀理解素養試題進行測驗，全班平均得分亦低於全國平均達 5 分以上。換言之，學生無論是學習興趣，或閱讀理解表現皆未臻理想，這著實令我震驚。

　　在訊息傳遞瞬間送達、資訊爆炸的現代，人人都必須具備快速吸收訊息的能力，更重要的是培養篩選整合訊息、重組創新以解決問題的能力。如果，我的學生們不喜歡國語閱讀教學、閱讀理解能力稍有不足，他們又如何能掌握日新月異的知識？更令我焦慮的是，他們還只是三年級的學生，未來，還有好長的語文學習歷程要完成，現在就厭惡國語閱讀，又如何繼續學習呢？「身為教師，我必須做點什麼……」

世界在變、學生在變、老師也要改變

當 E 世代成為了滑世代，數位科技改變了人類的日常生活，當然，也包括教育學習，不僅是電腦、單槍投影機，IWB、IRS、行動載具與應用程式、擴增實境……也都是近年在教學應用上愈來愈普遍的教育科技輔具。臺北市自 1999 年起推動資訊教育，除了班班有電腦、單槍投影機，在我所服務的學校，中、高年級各班都已設置互動式電子白板（IWB），於是，不想成為學生眼中數位難民（digital refugee）的我開始思索：

「我該如何運用資訊化教學工具以改善教學困境及學習問題呢？」

智慧閱讀——發現科技的感動

　　閱讀，看似非常個人的一件事，但，對三年級，仍在學習「怎麼讀」（learn to read）的孩子而言，有些文本內容是不易理解的。這時，若有可以討論的夥伴，會使閱讀理解更容易、也更有趣。但，現代家庭孩子生得少，與鄰伴互動機會也較少，合作，也不是件容易的事呢！同時，觀察生活中人手一機低頭滑的現象，不免令人擔憂：「數位工具會降低人際互動的機會吧？」、「頻繁使用數位工具，會傷害視力吧？」……

一、用科技學閱讀，由合作增能力

　　「智慧閱讀」是一套以閱讀問思教學為主軸，在小組合作學習的機制下，整合教育科技所發展出的閱讀理解教學模式。在智慧閱讀中，教育科技扮演強大的教學輔助角色，教學仍聚焦於語文能力的培養，同時，在小組共用一臺平板電腦，資源共享的條件下，加上課堂中靈活變化的合作學習方式，促使學生為了解決問題，自然而然進行討論、溝通，培養協作能力。這對陷入國語閱讀教學困境的我，無疑產生強大的吸引力！當然，在科技工具與合作方式的多變組合下，可預期的

學習樂趣，也令我躍躍欲試。畢竟身為教師的我，也不喜歡沉悶的課堂呀！

二、細節決定成敗，行動產生改變

在決定採取智慧閱讀教學模式後，為了能在提問、思考、分組討論、發表的歷程中，涵養學生閱讀理解的基本能力，我也必須縝密規劃、自我增能。

（一）智慧閱讀教學方案設計準備

智慧閱讀教學除了依據 PIRLS 閱讀理解歷程進行問思教學，在課堂中，更會大量使用智慧教室（smarter classroom）中的 ICT 輔具 ❶，因此，在教學實施前，我除了學習教室內教育科技輔具的操作，也對學生資訊應用相關能力進行了調查；同時，透過教室環境中的軟、硬體資源分析與測試，事先補足設備，並發現為維持網路穩定度，必須在教室內裝置一臺無線網路分享器（Access Point, 簡稱 AP）；最後，對國語教科書單元及補充閱讀教材進行文本分析，確認教學材料的可行性，以發揮智慧閱讀教學模式的效能。

為了使課堂進行更流暢，在正式進入智慧閱讀教學前，我勾勒未來智慧閱讀課堂的風景，以說故事的方式，先引起孩子們的興趣，「IRS

---

❶ ICT 為 Information and Communication Technology 之簡稱，泛指教育科技。

反饋器是什麼？」、「我們真的要用平板上課？」……接著，師生一
起利用晨光、下課時間，學習各種 ICT 輔具的操作，也必須一起適應
學習方式上新的改變。從孩子們課餘閒聊的話題可知，全班對於智慧
閱讀教學是充滿期待的。

（二）智慧閱讀教學方案內容規劃

在近半年的國語文教學中，以國語教科書單元文本為主要學習內
容，配合補充閱讀教材，選擇故事體（記敘文）及說明文，共 13 課，

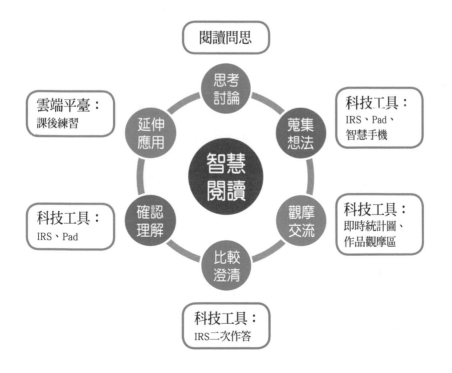

圖 2-1　智慧閱讀教學模組

進行智慧閱讀，以圖 2-1 之教學模組——透過閱讀問思教學，引導學生思考討論；以分組合作學習模式，活化學生理解、思考歷程；並利用教育科技工具的特性，讓學生使用行動載具進行閱讀理解表達，亦方便我進一步分析學生學習成果，了解學生對文本的理解與思考，有效掌握學習問題、即時調整教學。

三、以學生為本，教學更 SMART

（一）實施初期——適應工具、提高參與意願

　　第一次正式實施時，學生在預習單的習寫上遭遇許多困難，但卻有極高的意願學習調整。在課堂教學過程中，師生都出現工具操作不順利的狀況；學生在合作討論時，也常出現省略個人思考直接進行小組討論的情況，發生許多答題困擾等等，甚至因此造成教學時間掌控不佳，耽誤下課的情形。然而，在課後的回饋調查中，覺得使用教育科技學習輔具對自己上課的參與度有幫助的有 1 位、非常有幫助的有 26 位，也就是說，全班都認同使用智慧教室學習輔具有助於提升參與度；表示喜歡或非常喜歡國語課的人數，則提升到 21 位，這對費心思進行教學創新的我來說，是莫大的鼓勵。

　　因此，我立刻修正後續單元教學，在提問設計上更注意閱讀理解層次細項能力的檢核、題幹敘述是否符合孩子們的理解程度；在學生自行預習前，提供明確的指導，透過題目給予閱讀重點提示、透過彼此觀摩分享，促使學生反思修正；在題型設計上，初期避免太過多元，以免造成學生答題適應負擔；作答方式則以 IRS 即問即答、搶權和隨選挑人為主，透過簡易工具操作，讓學生維持高度參與熱情；而透過即時呈現作答統計，但不揭示選答者，讓學生安心作答、再次思考，同時，增加經驗成功的機會。

　　從課後學生們的反應，可以看出教育科技工具在課堂上的效益：

　　「我不喜歡閱讀，但是要按反饋器，所以還是要聽一下別人怎麼說，不然不知道答案，而且，他們有時候說的不太一樣，我得看一下文章怎麼說的，才知道誰說的有道理……看到自己在答對的那一條上，會很開心。」

　　「看到全班的答案統計（圖），覺得很有趣。就算自己答錯了，只要不舉手，也沒人知道，比較能安心聽別人說（選擇該選項的理由），就會知道為什麼應該選那個了。」

　　不僅是學生的回饋紀錄，在課堂觀察中，我可以明顯感受到課堂

學習氣氛的活絡，在第一次進行補充教材教學時，留下了這樣的觀察
紀錄：

「這一課應是學生第一次在課堂上使用這麼長的文本
（2,055 字）作為教材，學生在問題討論時也較不順利，但很意
外的，當下課鐘響，學生竟然繼續熱烈討論、發表，並主動要
求開放即時搶權，熱絡的氣氛，甚至吸引其他班學生圍在窗邊
觀看……」

隨著長篇文本的導入，學生們感受到學習壓力，卻也躍躍欲試；
而教師則在教學規劃上遭遇新的挑戰，無論是提問設計、合作方式安
排或教育科技工具選用，都影響著教學的進行，但，**「挑戰，是進步
的開始！」**

（二）實施中期──提高難度，激發挑戰動能

在中期，除了 IRS，我們也加入平板的使用。剛開始，學生利用
平板拍攝小組書寫在紙本上的討論結果後，再上傳頁面至 IWB，接收
教師推送的答題頁面，以圈畫、配對的方式作答後再上傳……再次提
高了學生的學習興致。而此時，我已深刻明白，即便有教育科技工具
的高效輔助，閱讀問思仍是教學核心，不宜為了控制教學時間，忽略
文本脈絡，刻意減少提問數；足夠的鋪墊，才能幫助學生在處理高層

次問題時找到足夠的線索；當學生能有效解決問題，課堂教學討論就會更加順暢、更有效率。換言之，提問設計應**著重於流暢的引導學生在回顧文本中，和文本互動，才能有效協助學生達成理解。**

　　在此階段，我們開始嘗試進行較多高層次的問思練習，也會針對學生的回答內容進一步追問、比較，甚至在作答統計呈現錯誤率偏高時，進行討論發表後，再二次作答。當學生成功解決較困難的問題，他們總是情不自禁的歡呼。從學生的心得分享可以知道，他們獲得成就感的同時，也增加了繼續挑戰的意願——

S：「我現在真的覺得閱讀課很好玩。」

T：「可是你今天想答案的時候，好像不是很順利？」

S：「嗯！今天的題目有點不一樣，好像變難了，所以，要想久一點，可是，被我找出來（證據）就覺得很得意。」

T：「所以，難一點沒關係？」

S：「對！下次再出更難一點好了，這樣才刺激！而且我也覺得自己愈來愈厲害了。」

　　在思考討論方面，此階段更加強執行「先個人思考再合作討論」，並獎勵小組互助表現。班級中難免有學習落後的孩子，在分組活動中，

最擔心落後的孩子被忽略或排擠，因此，每當在兩兩討論或小組討論過程中，發現夥伴耐心引導較落後的孩子發表、為他們加油打氣時，我都會公開表揚，並在加分板上多按一個讚，藉此激勵其他組能積極溝通、彼此支持，建立良好的合作模式；而多元的延伸學習設計，則促使學生在課後主動討論、分享，不僅提升學習興趣、加深對學習主題的印象，更可提高學習效果。

在和學生的對話中，我更加相信，一個能滿足孩子好奇、挑戰、經驗成功的課堂，是能夠吸引學生，激發學習熱情的！

（三）實施後期──多元應用，提升自我效能

為了滿足學生們對國語課的期待（學生胃口愈來愈大，老師備課壓力可不小呢！），除了在提問上用心，我也開始在教育科技工具上動腦筋，以 IRS 作答時，不設正答，以鼓勵孩子思辨；搶答時，先以隨選挑人，選出各組代表，再由代表負責搶答，以促使孩子們在小組討論階段更認真參與；臨時布題，並提高正答得分，以激勵孩子思考、參與⋯⋯。正因智慧閱讀含括了閱讀問思、合作學習與教育科技三大元素，可以激盪出的教學設計更是千變萬化！擔心學生只顧著享受遊

戲的刺激嗎？殊不知正因遊戲般的學習活動，帶來一次又一次的心流經驗 ❷，學生們不只玩得開心，還因玩得投入，而對學習內容留下更深刻的印象。也因為如此，促使作為老師的我，更加努力鑽研、精進，發展更多元的教學規劃。

在進行智慧閱讀教學後，學生們最明顯的改變是，在預習上展現了自主閱讀的能力。看著在課堂上以共同沉浸閱讀方式進行預習的學生們，安靜且專注的讀著，自然的拿起筆圈畫下重點、遇到難處會前後反覆閱讀，透過上下文推敲、對照圖表及文字內容找線索……相較於以往瀏覽式的閱讀，他們展現了主動應用策略，幫助自己達成閱讀理解的能力。雖然原本預計用十分鐘的時間預習，但學生們不斷爭取延長，「我才讀了兩次耶！再給我一點時間。」、「再一下下啦！我還有一個地方沒弄懂。」……最後，我們花了二十分鐘閱讀，學生們才心滿意足的讓我開始進入教學活動，但是，那積極主動的學習態度所帶給我的感動，卻是永恆。

經過近半年的智慧閱讀教學，再次以同一份試題施測，學生的平均得分不僅高於全國平均數；利用統計軟體作的分析，也證明他們在

---

❷ 心流經驗是一種感覺，其心理動機是內發且不受外界獎賞影響的，亦即當人們沉浸於某種活動時，會因為全然地投入，而進入一種渾然忘我的狀態，產生愉快及充實的感受，並樂此不疲、願意接受挫折與挑戰。

閱讀理解表現上確實有顯著的進步。從圖 2-2 的分析可知，學生在不同閱讀理解歷程表現皆有進步：「詮釋理解」歷程進步優於「直接理解」歷程；以文本性質來看，在不同文體的表現都有進步，「說明文體」進步幅度優於「故事體」。由此可知，智慧閱讀教學確實有助於提升學生閱讀理解表現。

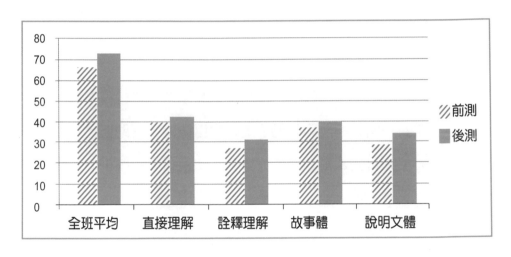

圖 2-2　班級學生閱讀理解素養前後測統計

　　在每個階段教學結束後所進行的意見調查中（如表 2-1），更可以看到智慧閱讀教學重新燃起學生們對閱讀理解學習活動的喜愛。

表 2-1　學生對國語閱讀課之喜好調查

項目	選項			
你喜歡現在的國語閱讀課嗎?	非常喜歡	喜歡	還好	不喜歡
研究前	0	3	19	5
第一階段：初期	15	6	5	1
第二階段：中期	27	0	0	0
第三階段：後期	25	1	1	0

　　對教師來說，學生在學習動機和態度上的改變，才是最大的鼓勵；當學生專注參與課堂發表、願意幫助小組中學習困難的夥伴、主動表達對閱讀教學活動的期待、甚至捨不得下課……，他們已經用行動證明了自己對學習的喜愛。

創造師生彼此成就的課堂

　　「我還有別的答案，再搶一次啦！」、「對嘛！對嘛！老師，拜託……」已經是下課時間，但，學生們還熱烈的討論著關於國語閱讀文本的問題，這已是我們班國語課堂常見的景象。就像班上一位孩子說的，「我以前覺得國語課很無聊，也不太喜歡上，現在覺得國語課像是打電動一樣刺激，會想要一直挑戰更難的題目。」

學生的內在動機提高了，學習成效當然會隨之提升。過去，大多數的教育創新著重於教學方式的多元、互動，或是透過獎賞制度激勵學生，無疑都希望透過教師的作為，提升學生的外在動機。然而，外在動機只能產生暫時性的效果，必須提升學生的內在動機才能引起個體持續進行某些活動、行為或學習。因此，善用新鮮感和成就感，讓學生在課堂中找到學習的興趣，進入心流狀態，就能提升學習的主動性和積極性，為學習開啟另一扇窗。

對教師而言，有了教育科技輔具的協助，課堂上不用花時間點算各選項的選答人數、不用處理誰先舉手搶答的爭議，可以更有效率的聚焦在學生的閱讀理解學習上；而課後，更可透過教師端電腦記錄下的課堂答題歷程，分析診斷學生的學習情況，作為補救或調整教學的參考。

看著學生在智慧閱讀教學模式中，培養合作學習的能力，並享受國語閱讀學習的樂趣、逐漸積累閱讀理解能力，作為教學者，也愈教愈有成就感。熱絡的氛圍、不時發出的歡呼聲，這是一個師生彼此成就的課堂，它的價值，不在於考試得分，而是積極正向的教育學習信念。

美好的相遇～閱讀 ‧ 科技 ‧ 感動

　　在實施智慧閱讀教學期間，我一直很擔心班上一位語文學習落後的孩子（化名小威），在分組時，特別安排了一位體貼的孩子照顧他。初期，他如同過去老師和同學們的評價，在課堂上很沉默，有時發出怪聲、自顧自地玩，唯有要使用 IRS 反饋器即問即答時，他會專注的看著螢幕上的題目，加入作答（雖然，他的答案常常是錯的！）。看到他參與，我很開心，也知道急不得。剛開始，看出他並未理解小組討論的內容，而我也從未翻牌揭示學生作答情形；又過了一陣子，我發現他在參與作答時的表情愈來愈放鬆，於是在小組討論時，悄悄走到他的小幫手旁邊，「哇！小威很棒喔！你有仔細聽大家發表。你們這組真棒！都有等待小威回答，不過，如果他不想說，請你們幫我一個忙，要跟他確認他有聽懂你們說的內容喔！」（離開那一組後，我偷偷觀察他們，其他三位孩子正努力的引導小威，而他的臉上漾著笑容）；在進入後期的某堂課，我們採隨選小組代表進行搶權的方式作答，全班躍躍欲試，興致高昂，但隨選結果一出，有人不禁發出小聲的哀號，是的，小威中選了！（大家都以為他會放棄參與）為了避免他受到小組夥伴責怪，

我問他：「你想參加嗎？還是要換人？」意外的，他立刻說：「我要！」（以前最多用點頭示意的他，竟然肯定的開口回答）他的夥伴們立刻歡呼，為他加油！（是呀！小組有代表參與，就有機會搶得答題權）而小威在這一輪的答題中，竟然得分了，全班難以置信，但也忘情地為他熱烈拍手、大聲稱讚，我看到小威眼中露出得意的光彩。

　　在那一節課之後，每次的智慧閱讀課堂，小威都會主動靠近、聆聽夥伴發言，當夥伴跟他確認是否聽懂時，他也會表達自己的感受。當然，他未必每次都能答對，但，他再也沒有在課堂上發出怪聲、自顧自地玩。當我看到他沉浸於閱讀時，也學習同組夥伴拿起筆圈畫重點，當我看到他在後測中進步了20分，當我聽到他說：「我喜歡留在教室上國語課！」……除了感動，還是感動！

　　教育，最迷人之處，就是找到方法，創造改變。親愛的孩子，謝謝你們！謝謝最棒的——我們這一班！

Chapter

3

故事二：
旅程・熱忱・行動

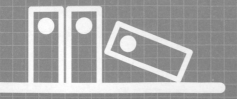

這是一個變動快速的時代！

這真的是一個變動快速的時代。踏入教育的園地，未滿十年，但這每一年，每一次的新班級都讓我深刻地感覺到這個世界進步得好快。

想起剛踏入教育界時，週三下午或科任課時，那個和全開海報紙奮戰製作教學教具的背影，拿著麥克筆揮灑，過程既費時又費工，也不環保。隔一年後，投影機變得普及，許多教師費了許多工夫掃描繪本，我也曾經是使用簡報教學的一份子。當教科書廠商開始製作電子書，教學影片、大富翁、3D 圖型的翻轉，我們能想像到的教學資源都在這一片小小的光碟裡。一開始，我發現學生對於科技產品的簡報、動畫、聲光效果，表現出高度的興趣，一個星期、一個月過去了，學生雀躍的情緒也漸漸趨於冷靜，進步的教學輔具雖然能解決資源不足的困難，但是，整個課室偏重單向的一對一，還是維持「老師說，學生聽」的狀態。

這世界進步的太快，快到有點令人措手不及。當年的第一屆高年級學生，很少人使用過手機，更只有極少數的小朋友才擁有自己的手機。反觀現在，不論在捷運上、公車上、百貨公司、大賣場，具備行動上網的智慧型手機充斥我們的四周，短短幾年內，小學生擁有智慧型手機的比例迅速攀升，連幼稚園的小小孩都知道怎麼滑一滑、按一按。APP，QRcode 在生活變得隨意可見。突然，我的腦中有了一種想

法──「那麼……我的學生呢？」「我現在的學生也是屬於數位科技人嗎？」

無庸置疑，是的，我的學生就是生長在這個數位新時代中！面對這樣與我出生於不同的世代，我還能用以前的方式來教學嗎？我的心中浮起一個大大的問號。數位時代帶來快速，卻也使人們的距離相對的變遠了。或許大家都有類似的經驗：在餐廳，看到父母親與小孩坐在餐桌，爸爸拿出手機，媽媽拿出手機，接著，小孩也拿出手機，三個人低著頭滑滑滑，彼此之間沒有互動。白居易的〈琵琶行〉是「低眉信手續續彈，說盡心中無限事」；而我們現代人則是「低眉信手續續『滑』，點評按讚玩遊戲」。

「科技應該是拉近人與人之間的距離吧！」仔細觀察這世代的孩子，因為手足數量減少，大多為獨生子女的他們，在學校最常發生的也是人際相處的問題。聯合國組織指出「與人合作」為未來重要的能力之一。我該如何讓孩子學習與身旁的夥伴溝通協調、相互合作？我得好好的思考這個問題。

除了關心孩子的人際相處、與人合作方面，由於高年級的孩子正值敏感的青春期，身體和心靈都接受巨大的轉變，走進高年級的教室，常常聽到臺上的老師問：「這裡大家都聽懂了嗎？」「大家聽懂了嗎？」臺下的學生一片靜默，點頭而不回答算是比較好的情況了，

這也是教師們開會時，高年級教師常常羨慕低年級教師「真好，你們上課時，小一的孩子都會踴躍回答，真好啊！唉……高年級的小孩對學習不感興趣啊！」

如何打破單向式的課堂溝通模式？如何再讓我的學生重拾小學一年級的學習熱情？這三個問題，讓我思索許久。

閱讀是一切學習的基礎

閱讀是一切學習的基礎，我們也可以說，只要讀者有了閱讀的能力，他就能夠自學。因此，曾有人大聲疾呼「大量閱讀」，沒錯，增加閱讀的廣度是有幫助的，但，重點是：「讀」不等於「懂」。有的人看書讀文章，大量的閱讀，卻只是走馬看花，問他到底讀了些什麼，卻丈二金剛摸不著腦袋，說不出個所以然。「閱讀是一切學習的基礎」，這句話的先決條件是——必須讀得懂，才能吸收，進而轉換成自我的能力。

新的世代、改變教學方式、合作學習、閱讀與理解，這四個問題真是令人煩惱，當我遇見智慧閱讀時，四個問題也迎刃而解。智慧閱讀是以閱讀問思為主軸，搭配合作學習與教育科技的設備，成為一種有系統的閱讀理解教學方式。

決定改變 ing⋯

　　當教室有了教育科技相關設備之後，我開始規劃該怎麼導入這些設備，該如何讓孩子們知道怎麼運用。彎下身來，聆聽孩子的想法，我發現教導新世代孩子使用 IRS 與平板，並不是最困難的事，因為大部分的孩子都曾使用或看到家人使用 3C 產品。我除了要教導他們如何在課堂中使用，也要讓他們改變使用 3C 產品的態度，唯有將科技產品視為學習的夥伴，才能產生珍惜與愛護之心。為了達到這個目的，我邀請孩子們一起為 IRS 與平板電腦取名字（暱稱），根據全班票選的結果，IRS 的暱稱為「小黑」，平板電腦的暱稱為「小白」，正式宣告小黑與小白將陪伴我們一起學習。約法三章後，清楚地講解 IRS 與平板電腦在何種情況下容易受損，例如，不能用指甲摳 IRS 上面的數字鍵盤、小組組員不能搶著使用平板電腦，組內需討論出輪流使用的方法。

初期導入——使用較多 IRS、較少平板電腦

　　還記得當年是怎麼學會騎腳踏車的嗎？如同孩提時代學騎腳踏車的經驗，在幼幼車輪兩側加裝輔助輪，等小孩慢慢熟悉後，我們又將輔助輪調離地面，最後才撤離輔助輪，小孩也能享受盡情騎車的樂趣。在教室現場導入任何新的教學法與教學輔具也是要如此循序漸進，

即使我明白學生能操作智慧型平板，但我還是決定先讓他們熟悉使用IRS，畢竟教育的事情永遠都急不得。

　　這個初期導入的階段，不僅讓學生能各自熟悉小黑，也讓小組培養出遇到任務時，分組討論後再使用小黑的默契。當然更重要的是，讓教師與學生能共同有緩衝與適應的時間。記得自己第一次使用大型圓規，手忙腳亂的情形，站在講臺上，可是有數十雙眼睛直盯著我呢！當時的窘境，實在讓我難以忘懷，因此這段導入的適應期，與其說學生需要，不如說是教師更需要熟習操作的適應期。所以，我將一開始的課程設計難度降低，設計多一點選擇題，善用IRS的搶權、搶答，也盡情地使用教師端的功能，例如：隨機挑人。當隨機挑人的刺激音效出現時，全班的小朋友都屏息以待，既緊張又期待自己是被電腦選中的號碼。

　　每一次結束課程後，請幾個學生給予口頭回饋。課堂的主人是學生，他們的感受才是最真實，更是教師最需要重視的。我將每次學生給予的建議都記錄下來，例如：學生提到題目的選項被IRS擋住了。經由學生的提醒，我才發現自己設計的方式不夠貼心，也才能藉此改善下一次的教學。

中期運用——小黑小白併行，逐漸調高題目難度

　　第二階段，開始增加平板電腦（小白）的出現率。「何時才是平板電腦出現的適當時機呢？」「應該在第幾課後，才增加平板電腦的使用呢？」這個問題無標準答案，老師是掌握教室全局的人，也是最能感到學生情緒波動和反應的人。

　　當我發現學生和小黑已經培養了使用的默契，我也開始增加開放性的題目，開放性的題目通常使用小白答題，也大多是 PIRLS 中的層次三詮釋理解與層次四比較評估。我的設計理念是，不論任何的難度或趣味的題目都是為了讓學生可以更加理解課文，更能貼近作者的寫作手法。所以，層次三詮釋理解的題目，我大多以二維表格為主要設計，立意為便於學生組內討論，也方便在大班討論與比較，尤其二維表格能幫助讀者有效的掌握重點，是一種能立即歸納文章的方式，更是初學者一開始較好上手的，因此，我設計層次三的提問時，傾向以二維表格的方式作為答題的方式。

　　剛開始使用時，建議教師們先將表格以紙本列印，學生討論後可寫在紙上，再運用平板的拍照功能，最後將作品上傳於電子白板。或許有人疑惑，這個方式不是能以「實物投影機」取代嗎？的確，如果只是單純拍照並上傳，其功能與實物投影機無異。然而，平板電腦除

了拍照以外，還具備能直接在平板上書寫、打字、截圖、接受教師端的推播，以及運用網際網路查詢等功能。「凡事急不得」，即使我們想要導入讓學生以平板取代紙張，但考慮到他們需要同時操作許多面向，例如：思考被給予的任務、解決在分組活動中與其他人的糾紛等，我們更應一步一步的慢慢引導學生，這樣一來，不僅學生能從每次新的改變中獲得成功的自信，講臺上的教師也能獲得成就感。

　　當學生逐漸能掌握層次三的題目，建議教師們可以適時導入讓學生以平板電腦打字的任務，例如層次四比較評估的題目「你認為作者的寫作想法是什麼呢？」這樣的開放性題目，讓學生從口頭回答問題，改為以打字完成。練習幾次後，教師評估班級學生的學習狀況，就能將設計的層次三表格題目，從電子白板推播給各組學生，學生直接在平板電腦中完成指定任務。

　　推播題目除了有減少使用紙張的益處，還有隨時可更改的機動性。擔任教師的經驗中，我也曾發生事先設計好的題目與上課的狀況不太符合，正所謂計畫趕不上變化，臨時更改的題目往往受限於教室是否有列表機等問題，但是，若能在電腦上直接完成修改，並將題目無時差給予學生，完成無縫接軌，也能讓教學更為有效率。

後期授權──讓孩子做自己的主人

「老師，這樣的題目好簡單喔！」聽到這句話時，再觀察到教室內學生答題的正確率，我知道，是時候可以增加難度了。

智慧教室除了運用 IRS 與平板電腦，還有一個不容小覷的夥伴，就是網際網路。浩瀚無際的網路，將其龐大的資訊使用在課堂上，成為教學的大功臣。在進行某次教學時，我設計了幾個層次四比較評估的題目，舉其中的一個題目為例「作者探索的雨林與你所想像中的雨林有何不同！」從小組討論，到大班級討論，我發現學生對於探險這個議題，感到興趣高昂，又苦惱於教室沒有更多的相關書籍。於是，我請學生運用平板搜尋原始雨林的動植物資料。待我話一出，有部分學生開始準備查詢，而另一部分的學生都愣住了，「老師，請問您是說可以在上課的時候用網路查詢的功能嗎？」我點點頭，並給予肯定的支持笑容。

長久以來，只有在電腦課才能使用網路查詢，而坐在教室內的國語課始終與網路查詢無緣，這是孩子們心中的刻板印象，他們沒想到坐在教室的國語課也能運用網路查詢資料並立即在組內討論。

學生都非常興奮，也很快速地完成我所交代的任務，我在組間巡視時，不時提醒他們「記得將資料截圖喔！」約半數的組別都能第一次就完成此項任務，回到全班討論時，各組除了討論提問，我也請

學生表決哪一種截圖的方式能有助於臺下觀眾的理解，並且請他們分享如何在時間內完成任務的祕訣。當我請學生分享時，我看見那些滔滔不絕分享心得的孩子臉上洋溢著自信的光彩。

運用網路查詢資料對學生而言不是一件困難的事情，而且，高年級學生普遍具備在家中以電腦查詢資料的經驗，但是，在課堂實際操作時，還是出現令人意想不到的挑戰。例如：「在 google 上一查詢就出現了幾千筆的資料，這些資料中哪一筆才是最適切的呢？」還有，「該如何在網頁上截出有用的資訊呢？」

教育現場常以「培養學生帶著走的能力」為口號，而什麼才是需要培養的能力呢？是純粹的閱讀嗎？總有一天我們的孩子需要步出校園，而校園不再是保護他們的象牙塔。

這是一個快速改變且資訊大爆炸的世界，也是一個連數字都能被利用的世界，如何避免人云亦云，道聽塗說，或者能從訊息中判斷真偽。當我們的學生能在課堂中運用他們具備的閱讀理解，並且更進一步判讀資料，這樣的學習，真正能培養讓學生帶出校園的能力。想一想，在大量資訊中，能進行有效判讀、篩選，是多麼重要的能力啊！

課外補充教材的文章較為豐富多元，時常有讓人一探究竟的有趣議題，在一篇與猛瑪象相遇的文章中，文中提供的資訊已經達成解決提問的線索，在討論的尾聲，我問學生關於這一課你還有什麼想知道

的呢？有學生舉手說：「老師，我們還想深入了解猛瑪象，想知道牠存在的時代。」有了上次使用平板電腦查資料的經驗，這一次操作得更快速，組內的分工合作也更順暢了。恰巧中正紀念堂曾展出冰河時期的猛瑪象，學生們不僅找到資料，還從 YouTube 中找到許多補充的影片。有些學生一邊看影片，一邊拿起筆快速地將影片的資訊寫在書上，不同組別的學生彼此分享查詢的資料，課堂裡充滿著提問、嘗試、解決、合作、分享的氛圍，我深深覺得這真是無比美好的課堂風景啊！

最真實的回饋

從一開始的初期導入，讓我最直接感受到的，就是學生態度的轉變，教室從靜悄悄的氣氛轉為活潑的氣氛，甚至在上課之前，就能感受到學生的期待感，「我的學生喜歡上我的課。」這對一位教師而言，是多麼令人振奮的事情啊！為了能夠改善每一次的教學設計，我設計了簡單的問卷，請學生上完該階段的課程後，在問卷或口頭都能給予教師的回饋。

所有的課程設計者都明白一個道理「課程設計應根據不同的教室狀況而微調」，所以，在這個重要的原則下，了解我的班級學生對於智慧閱讀課程的想法與感受，是很重要的一件事。

表 3-1 班級學生回饋單統計表

項目	選項			
你喜歡現在的國語閱讀課嗎?	非常喜歡	喜歡	還好	不喜歡
第一階段：初期	21	6	1	0
第二階段：中期	22	5	0	0
第三階段：後期	28	0	0	0

　　從表 3-1 學生的回饋單統計表，能看出學生對於智慧閱讀課程的喜愛程度有逐步上升的趨勢，而學生的口頭或文字回饋，在第一階段時，學生表示「很有趣，讓我更喜歡上國語課了！」；到第三階段時，學生表示「我希望以後可以用這種方式上課！」，當中也有幾位學生感受到教師設計課程的用心，在回饋單上寫著「希望老師不要太辛苦」、「謝謝老師」等，學生貼心的言語，讓我非常感動。

　　態度轉變了……，

　　那，學習成效呢？

　　課程設計必須是環環相扣的，而且，看到許多教育現場大拜拜似地辦活動，的確，辦活動的當下，能短暫地提升學生的學習興趣，但是，過了當下，興趣或成效還存在嗎？學習成效也是我在本次的課程方案中相當重視的一環。

　　根據使用的閱讀理解測驗，以未進行教學方案前和進行教學方案

後，比較學生的閱讀理解測驗前後的成績，從圖 3-1 的統計圖中很明顯看到，未進行教學方案前在閱讀測驗中獲得 80 分以下的學生有 27 位。進行方案教學後，在閱讀測驗中獲得 80 分以下的學生有 6 位，學生進步了，進步的幅度超乎我的預期！

　　或許讀者會抱持疑惑：怎麼可能進行方案教學後，有如此大的區

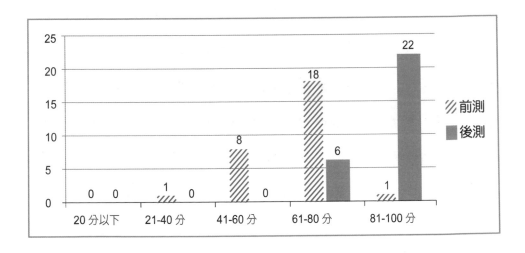

圖 3-1　班級學生閱讀理解測驗前後的成績

別？因為，這並非只進行一次、二次的教學方案，而是一場從上學期到下學期進行持續性的閱讀理解課程，扎扎實實地在每一次的語文閱讀課程中，以 PIRLS 四層次進行提問、互動、合作學習。

　　在教室裡，學生們此起彼落的討論文本、彼此進行小組協助，我的學生給了我最真實的回饋：

「老師，我要謝謝您設計這樣的國語課。」

「老師，第八課以後還能用這樣的方式上課嗎？」

「我希望以後可以繼續用這種方式上課，我也覺得自己愈來愈進步。」

「老師，我感覺自己可以讀得懂文章了，也能看得懂數學題目耶！」

「老師，老師……」

……

尾聲──夜深人靜

這項教學的改變，從手忙腳亂，到逐漸上手，略有心得。這段過程讓我覺得教學是一種藝術，而藝術是沒有終點的，我期許自己時時精進教學的能力，掌握時代的脈動，吸收嶄新的教學知識，進一步轉化為適合我們教室的課程方案。

這場智慧閱讀的旅程，不僅僅是閱讀知識的理解，學生給予的豐富回饋更令我動容。教室的風景是由師生一起完成的，感謝這些學生讓我體會教學相長，也讓我重拾對教育的那股熱忱。

那你還在等什麼呢？

「心動？」不如──「行動！」

Chapter 4

回顧一：我們所知道的閱讀

閱讀理解

　　閱讀是一切學習的基礎，所以，即便在傳統教育中，閱讀一直是受到重視的核心之一。杜甫說：「讀書破萬卷，下筆如有神。」過去的家長和教師都相信，「閱讀怎麼學？讀，就對了！」只要大量閱讀，學生自然就會累積知識，進而提升閱讀能力。

　　書籍是人類歷史的精神遺產，人類的歷史愈前進，書籍的種類與內容愈浩瀚；但是，相對的，讀書就變成更不容易的事情了。朱光潛曾說：「『過目』雖多，『留心』卻少。」讀書並不在於量多，而是要讀得澈底，「好書不厭百回讀，熟讀深思子自知。」不是將書中內容強記於心，也不是讀萬卷書就稱為閱讀，「閱讀」與「理解」需緊緊結合在一起。

　　然而，近年來，隨著「閱讀理解」議題日受關注，相關研究日增，直到 2006 年的閱讀素養國際評比，讓大家對「閱讀」有了新的認識，於是了解到，閱讀最困難的部分不是去讀，而是去思考；閱讀教學，不僅是提供素材、給文本，而是進一步教策略、給鷹架。閱讀的核心價值，在於透過對文本內容的理解，讓個人產生新的啟發、創見；學會如何閱讀，才能讀懂文本內容，讓個人具備跨領域探索學習的能力，開拓個人的視野。因此，我們將進行閱讀理解相關研究之探討，以釐清閱讀理解教學的核心概念及原則。

閱讀理解的意涵

早期在行為主義的觀點下，閱讀活動乃為一連串「刺激—反應」的連結，讀者只是被動的訊息接受者，而所謂的閱讀理解即指讀者受到訊息刺激後產生的反應。而後，受到認知心理學發展的影響，閱讀理解被定義為讀者在閱讀活動中，心理表徵的建構結果。國內的閱讀理解相關研究❶，大多依據認知心理學的理論進行探討。

Pressley（2000）❷將閱讀理解分為兩個層次：一為詞彙層次的理解，另一為文章層次的理解。前者屬較低層次的閱讀理解，強調詞彙的解碼，透過自動化的解碼技巧，加上足夠的詞彙量，就能產生理解；後者則屬較高層次的理解，透過充分的詞彙知識、足夠的先備知識及有效的閱讀策略，達成句和句之間、段和段之間，及全文的整體理解。柯華葳（2010）❸亦認為閱讀理解包括詞彙和理解兩部分，詞彙是理解的基礎，詞彙知識愈豐富，理解能力愈佳，其成分有：字的辨認、字義抽取、語句整合、文章理解、後設認知及閱讀態度。

國內外研究均顯示，識字能力的高低與閱讀能力有密切相關，閱讀需要習得許多詞彙的意義與先備知識，才能在進一步學習閱讀策略

❶ 連啟舜（2002）。**國內閱讀理解教學研究成效之統合分析**（未出版之碩士論文）。國立臺灣師範大學，臺北市。

❷ 曾世杰譯（2010）。**有效的讀寫教學：平衡取向教學。**（原作者：Michael Pressley）。臺北市：心理出版。

❸ 柯華葳（2010）。閱讀成分與閱讀發展。載於柯華葳主編，**中文閱讀障礙**（25-42頁）。臺北市：心理出版。

後，順利理解文章。根據 PIRLS 2006 ❹ 的定義，閱讀理解能力指學生能夠從各類不同的文本中理解、建構其意義，從而透過閱讀學習、參與社會活動，並獲得閱讀樂趣。由上述可知，理解字詞是閱讀理解的基礎，而統整多元訊息、獲得意義，進而解決問題，才是閱讀理解的最終目標。

　　本書所指的閱讀理解著重於高層次的文章埋解，綜合上述，我們將閱讀理解定義為：讀者在接受訊息的過程中，主動建構意義的動態歷程，必須透過能夠解釋訊息、統整訊息、運用訊息，來說明其在閱讀中所建構出的理解和知識。

讀者反應理論的觀點

　　Louise M. Rosenblatt（1938）的讀者反應理論（Theory of Reader-Response）❺，認為閱讀是讀者與作品的交感歷程，作品如果沒有經過讀者想像力的重新建築和體驗，只是一堆不具意義的文字。因此，一方面重視讀者的背景經驗，另一方面也不忽視文本本身的特性，讀者在閱讀中不斷地進行闡釋、修正，正因投射了個人經驗，對於文本的

---

❹ 柯華葳、詹益綾、張建妤、游婷雅（2008）。**PIRLS 2006 報告——臺灣四年級學生閱讀素養**。桃園：國立中央大學。

❺ 引自吳英長（2007）。**吳英長老師學思集（一）：兒童文學與閱讀教學**。臺東市：吳英長老師紀念文集編輯委員會。

詮釋和理解就會因人而異。

　　讀者反應理論者認為在雙向溝通中，讀者始終居於主導的地位，讀者的認知歷程與人格背景影響了對文章的獨特反應，而閱讀不僅為個人的私事，也是一種社會化的歷程，所以，閱讀具備個人反省，同時也是溝通的社會行為。

　　根據讀者反應理論，閱讀是建構性的。Chase 和 Hynd 提出以下的假定來說明讀者反應理論：1.讀者在閱讀時是主動參與，而非被動接受。2.意義並非從文本中獲得，意義並非存在於文章本身，而是存在於讀者的心靈中。3.由於讀者的文化背景和個體都是獨一無二，所以讀者的理解具差異性。4.觀察、檢視讀者對文本的反應，遠比要求對文本形成正式的解釋來得更重要。

　　由上可知，構成讀者反應理論的三要素為：讀者、文學、閱讀情境。讀者是什麼人？具備什麼樣的背景經驗，到過的地方，認識的人，以及對周圍的事物所抱持的態度，都是影響讀者世界觀及閱讀反應的重要因素。文學的部分則包含類別、作品的體裁、寫作的風格、觀點的選派、文字的運用等因素，影響讀者與文學作品間的情感距離❻。依照 Rosenblatt 的主張，讀者反應正是讀者本身認知理解的歷程，是讀

---

❻ 柳雅梅（2003）。從創造力的觀點談讀者反應論對閱讀教學之啟示與運用。**教育資料與研究**，**52**，5，43-49。

者和作品雙向溝通的結果，所以，閱讀時讀者對文本的詮釋會因人而異，同一文本當然也就可能對讀者產生不同的啟發或影響。

讀者反應理論對教學的啟示

　　文壇大師林語堂 ❼ 曾說，讀書是一件涉及兩方面的事情：一在作者，一在讀者。作者固然對讀者做了不少的貢獻，但讀者也能藉著他自己的悟性和經驗，從書中悟出同量的收穫。的確，閱讀是人們根據過往的經驗，在腦中建構意義圖像的過程，是人的心智與文本互動的關係，更是「文本」與「讀者」過去經驗交互作用後產生的結果，這是一種動態的且複雜的歷程。

　　當教學者了解所有的文學作品都被閱讀它們的社會「改寫」，也可以說，教學者必須明白，讀者將文學作品具體化，沒有讀者持續積極地參與，也無所謂的文學作品 ❽。因此，以讀者與文本互動為核心的教學時，教師需營造教室的對話情境，閱讀的情境包含教室中的立即情境，例如；教師的文學信念、個人回應等，情境因素也包含社會文化，例如；經濟、宗教、文化等。在指導學童閱讀的技巧時，還要允許學生從自身的文化背景與文本進行交流，而在閱讀的過程中，同

---

❼ 林語堂（2009）。讀書的藝術。載於邱憶伶（主編），**讀書，大樂事**（14-30 頁）。新北市：正中書局。
❽ 吳新發譯（1994）。**文學理論導讀**。（原作者：Terry Eagleton）臺北市：書林出版社。

儕也能互相學習評斷、認同或詮釋作品的技巧 ❾ 。

　　綜上所述，讀者反應理論提升閱讀者的角色的重要性，讀者需與文本進行雙向的溝通，如同蘇軾曾言「橫看成嶺側成峰，遠近高低各不同。」文學作品的風景取決讀者與文本的互動，教學者在進行教學時，需鼓勵，甚或引導學生與文本進行雙向溝通，讓學生在閱讀活動中，有機會產生更深刻的體悟，創造屬於自己的文本意義，才能享受閱讀的感動。

閱讀理解認知歷程

　　在諸多對閱讀理解歷程的闡述中，許多學者將閱讀理解視為讀者和文本間交互作用以建構意義的思考過程；Ken Goodman ❿ 認為，閱讀理解就是讀者在閱讀文章時建構出的意義，因此，閱讀是個建構性的過程；「沒有推理就不可能產生理解」，閱讀時，要在腦中建構意義圖像，除了基本的解碼能力外，更需要推理能力。換言之，**閱讀理解是一個複雜而有意義的歷程，它是一種認知過程，也是訊息內化的過程**，透過不斷思考，從「知道什麼」經吸收轉化到「發現什麼」，如同 Pressley 所言，優讀者在閱讀中，會把自己的先備知識和作者的

❾ 張湘君（1993）。讀者反應理論及其對兒童文學教育的啟蒙。**東師語文學刊**，6，285-307。
❿ 洪月女（譯）（1998）。**談閱讀**（原作者：Ken Goodman）。臺北市：心理出版。（原著出版年：1996）。

想法做連結，在總結、詮釋中展現深思閱讀的個人見解。

　　從過去到現在，閱讀一直是心理學家所關注的議題，在行為主義盛行的年代，閱讀行為被視為接受外在刺激後的一種反應，自 1980 年代以後，認知科學興起，將閱讀視為一種複雜的心理歷程。與行為主義區別的是，認知科學家不只關心讀者記住的閱讀內容，同時關心閱讀歷程中「讀者如何理解文章所傳達的意義」，以及文章中哪些因素會影響讀者對文章的理解性[11]。

一、訊息處理

　　在閱讀理解相關理論中，Gagné 等（1993）[12]將理解歷程分為：解碼、字義理解、推論理解及理解監控四種歷程的理論受到廣泛採用，也與本書較為相關。

　　各歷程內容[13] [14]如下：

（一）解碼（decoding）

　　解碼即破解文字符號並使其具有意義，包含「配對」（matching）與「譯碼」（recoding）二種歷程。「配對」，即當讀者閱讀時，看見

---

[11] 陳明蕾（2010）。閱讀心理學對國小閱讀理解教學的啟示。**教育研究月刊**，**199**，53-63。

[12] Gagné, E. D., Yekovich, C. W., & Yekovich, F. R.（1993）. *The Cognitive Psychology of School Learning*,（2nd Edition）. New York：HarperCollins College Publishers.

[13] 岳修平（2001）。**教學心理學——學習的認知基礎**。（原作者：Gagné, E. D., Yekovich C. W., & Yekovich, F. R.）。臺北市：遠流。（原著出版年：1993）

[14] 錡寶香（1999）。國小學童閱讀理解能力之分析。**國教學報**，**11**，100-133。

的文字符號會與讀者已知的字進行配對，連結儲存在長期記憶中的字義，不需要藉由發音或猜測來辨識，讀者就能直接迅速辨識出文字符號。「譯碼」，指看到單字，發出字音，文字被轉化為聲音的形式，依照聲音，活化存在長期記憶中該字的字義。解碼時，藉由文字和聲音的輸入，促動第二個歷程——字義的理解。

（二）字義理解（literal comprehension）

字義的理解是指閱讀時能理解字彙的意義，並能理解字彙串連形成的命題之義。例如：我們閱讀捷運的路線和時刻表，了解字面意義即已完成閱讀理解歷程；但是，若閱讀較長或較複雜的文章時，往往需要進一步透過前後文字訊息來分析、確認意義。

字義理解包含二個過程，一是「字義取得」（lexical access），另一是「語法分析」（parsing），前者為從解碼後活化的知識中，選取最適合情境的一項意義，在此過程中，選擇不同的字義將造成推論理解方面很大的差異。後者為分析句子的構成規則，藉由提供讀者字與字、字詞之間的關係訊息，來幫助讀者了解句子的意思。字義取得與語法分析同時運作，方能達成字義的理解。

（三）推論理解（inferential comprehension）

推論理解為超越字面意義的理解，更深入了解文章的內涵。推論

理解包含三個部分：整合（integration）、摘要（summarization），以及詳論（elaboration）。

「整合」為覺察到句子中所傳達的概念的相關性，並整合二個概念，形成一個較複雜的概念，將二個以上的概念做因果關係（causally）的推論連結。而「摘要」為讀完一句或一個段落後，能找出該句該段的重點、大意或架構，使讀者能在閱讀文章後，產生一個全盤性、巨觀的結構。「詳論」則是運用先備知識或一般知識（word knowledge）解釋文本，建立一個連貫的意義來組織新的訊息，產生更高層次的新舊訊息之融合。

（四）理解監控（comprehension monitoring）

理解監控是指，讀者能注意到自己是否已經理解文章內容，包含：目標設定（goal-setting）、策略選擇（strategy selection）、目標檢視（goal-checking）以及修正補強（remediation）。

在閱讀前，讀者應該先設定一個目標（為什麼讀？），並且選擇某一種閱讀策略來達成所設定的目標。閱讀歷程進行中，讀者會主動檢核是否達成目標，並透過修正補強的措施，例如：反覆重讀不懂的部分，來幫助自己達成閱讀的目標。對於一位優讀者來說，理解監控將主動且持續發生於整個閱讀期間。

　　因此，優讀者不僅具有熟練的解碼能力，還能在理解歷程中，監控自己的理解情形，也就是在閱讀中，不只能理解文本的內容，也能覺察自己還有哪些地方是不懂的。

二、識字與閱讀理解

　　雖然閱讀已然成為今日語文教學的核心，但不可否認的，在語文教學中，識字一直被視為奠基關鍵。的確，就閱讀的目的來看，閱讀並非僅為了「解碼」，更重要的是能理解內容；而要理解內容的第一要務，就是能辨識字詞（學習解碼）。在許多研究中也發現，對學齡前或初接受閱讀學習的人來說，閱讀活動中最典型的困難就是識字。

　　柯華葳（1999）❶認為閱讀理解包含「詞彙」與「理解」二個部分。詞彙是理解的基礎，具備愈豐富的詞彙知識，理解力愈佳。詞彙層次的認知成分包含語音覺識、構詞覺識、流暢度；而理解分為「部分處理」與「本文處理」，如圖 4-1 ❶

---

❶ 柯華葳（1999）。閱讀能力的發展。載於曾進興（主編），**語言病理學基礎**（82-120頁）。臺北市：心理出版。
❶ 修改自柯華葳、方金雅（2014）。閱讀理解評量。載於柯華葳（主編），**中文閱讀障礙**（頁167）。臺北市：心理出版。

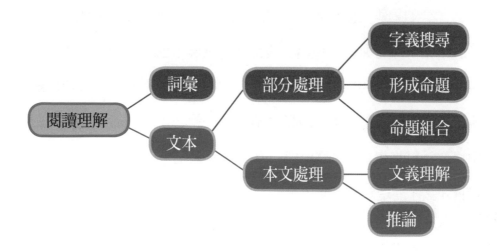

圖 4-1　閱讀理解成分分析圖

「部分處理」包含字義搜尋、形成命題、命題組合，說明如下：

1. 字義搜尋

　讀者在閱讀時，會在文本中理解字彙。

2. 形成命題

　讀者經由閱讀上下文搜尋到正確的字義後，組成文本的基本單位，即為「命題」。命題的形式不一，可能為文字、也可能為圖像。

3. 命題組合

　閱讀時，由於每個人的工作記憶容量有限，當命題累積一定數量時，需要重整成有結構的知識。

　　「本文處理」則包含文義理解與推論，是對較長文本內容的理解，了解字與字、句與句、段落與段落間的意思，也就是讀懂文本。當讀者對文章進行摘要或說出重點都是理解的表現，不論是「直接理解」或「詮釋理解」都包含了推論的概念，推論著重於讀者須從長期記憶中提取材料來組織所讀的內容，因此，讀者需要具備有關這篇文章的背景知識才能理解文章[17]。

　　幸曼玲（2008）[18]將閱讀理解分為四個歷程：一為運用「先前知識」，閱讀者過去經驗的多寡會影響理解的層次；二為運用「文章結構」，了解文章結構能幫助讀者掌握文本的陳述方向，這樣的歷程在理解說明文體時更加重要；三為運用「推論」，推論是閱讀理解中重要的歷程，能彌補文句中的間隙，而推論需依賴讀者過去的經驗；四為運用「後設認知」以檢視理解的程度，讀者在閱讀過程中需停下來檢視自己的理解。讀者閱讀一篇文章時，會在腦中先形成摘要，接著將各段落的摘要進行連結，整合這些摘要訊息後，讀者將形成結論。但是，當後來形成的摘要與前面的摘要互相矛盾時，讀者將回顧前面摘要並再次閱讀，形成一種自動化歷程；檢視→修正→連結→共構文句→檢視。

---

[17] 柯華葳（2014）。閱讀成分與閱讀發展。載於柯華葳（主編），**中文閱讀障礙**（25-42頁）。臺北市：心理出版。

[18] 幸曼玲（2008）。閱讀的心理歷程與閱讀教學。**教師天地**，154，4-8。

　　由於閱讀歷程包含了多項能力，許多研究提出相關論述，以確認閱讀學習的目標、方向。許多學者認為閱讀能力包含字義理解、文本理解、推論理解、運用策略監督理解並解決問題、摘取要旨等能力，而以經濟合作暨發展組織（OECD）所定的現代公民核心素養標準來看，閱讀理解能力應包含字彙辨識、閱讀理解、閱讀應用和閱讀態度等四大方向，才能自閱讀中獲得在異質社會互動及生存的能力❶⑨。

　　綜言之，可歸納出閱讀理解歷程是具有層次性的，且首要任務是處理字詞的辨認，進而完成句意理解、推論隱含的文意，最終能夠掌握個人的閱讀過程，對文本加以評鑑欣賞；同時，在此歷程中，讀者須具備多種閱讀理解能力，方能在閱讀中擴展視野，成為「專家讀者（proficient readers）」——能展現獨立自主能力的智慧學習者。

　　我國自 2006 年參加 PIRLS 國際評比後，在國小教育階段中，對於閱讀理解歷程多採 PIRLS 的定義，分為「直接理解歷程」和「詮釋理解歷程」兩部分。接下來，我們就進一步認識「促進國際閱讀素養研究」（Progress in International Reading Literacy Study，簡稱 PIRLS）。

---

❶⑨ 陳昭珍（2011）。閱讀知能與閱讀推動方案。載於陳昭珍、簡馨瑩、林菁、賴苑玲、陳海泓（主編），**圖書教師手冊**（7-21頁）。臺北市：教育部。

PIRLS 的閱讀理解評量

目前臺灣最廣為人知的國際閱讀評量是 PISA 及 PIRLS。其中 PIRLS 起源於 2001 年，由國際教育成就調查委員會（International Association for the Evaluation of Educational Achievement, IEA）主辦，每五年一輪施測的 PIRLS，主要目的為研究不同國家教育政策、教學方法下，小學四年級兒童的閱讀能力，故國內在國小教育階段多採 PIRLS 的評量架構。PIRLS 評量學生的閱讀素養，包括：閱讀表現、對閱讀的態度和習慣，以及造成此閱讀表現的環境因素；評量項目則包括：閱讀理解測驗及五種環境條件問卷。其中閱讀理解測驗的表現與教學成效息息相關，因而促動了臺灣自 2007 年起的閱讀教學改革。

一、PIRLS 閱讀理解層次

PIRLS中將閱讀理解歷程分為「直接理解歷程」和「詮釋理解歷程」（如表 4-1）。前者是指讀者可在文本中，由字面訊息找到答案；後者則是指讀者必須經過詮釋訊息、歸納重整、批判思考的方式檢視文

表 4-1 PIRLS 閱讀理解層次

直接理解歷程	詮釋理解歷程
・提取訊息 ・推論訊息	・詮釋整合 ・比較評估

本，才能獲取答案的閱讀歷程。在閱讀歷程中，基於個別理解與認知的不同，又區分為四個閱讀理解層次——「提取訊息、推論訊息、詮釋整合、比較評估」，更成為國小閱讀理解教學中，用以判析學生在閱讀時，對文本理解程度的依據。四個層次類別均能呈現出高度理解者，即被認為是一個優秀、成熟的讀者。

　　PIRLS 閱讀理解層次相對應的細項內容❷，分別說明如下：

（一）提取訊息

　　讀者依提問內容，直接找出文中特定且重要的訊息。其細項能力包括：

　　1. 與特定目標有關的訊息。

　　2. 指出特定的想法、論點。

　　3. 重要字詞或句子的定義。

　　4. 指出故事的關鍵場景或行動。

　　5. 找出文章中明確陳述的主題句或主要觀點。

（二）推論訊息

　　讀者依提問內容，連結段落間的訊息，推論出訊息間的關係。其細項能力包括：

---

❷ 許育健（2015）。**高效閱讀：閱讀理解問思教學**。臺北市：幼獅文化。

1. 推論出某事件所導致的另一事件。

2. 在一連串的論點或一段文字之後，歸納出重點。

3. 找出代名詞與主詞的關係。

4. 描述人物之間的關係。

5. 進行文章主要內容的排序。

（三）詮釋整合

讀者運用自己的知識或經驗，整合文本各段的重要內容，再以「自己的話」回應提問。其細項能力包括：

1. 歸納全文主要訊息或主題。

2. 詮釋文中人物可能的特質，並以行為與作法佐證。

3. 比較及對照文章跨段落的訊息。

4. 推測故事中的語氣或情境氣氛。

5. 詮釋文中訊息在真實世界的應用。

（四）比較評估

讀者需用自己的知識或經驗，比較、批判或評價文本訊息。其細項能力包括：

1. 評估文章所描述事件，確實發生的可能性。

2. 描述作者如何安排讓人出乎意料的結局。

3. 評斷文章的完整性或闡明、澄清文中的訊息。

4. 找出作者論述的立場與目的。

5. 指出作者的寫作手法與技巧。

二、PIRLS 評量內容

根據 PIRLS 2011 報告[21]分析評量內容可發現：測驗共有十篇文章，包括兩類文體——故事體及說明文，五篇故事體用以了解學生的文學賞析能力，五篇說明文評量學生獲得及使用資訊的能力；每篇文章約有 900 ～ 1,600 個中文字（500 ～ 900 個中文詞）；每篇文章中一半的測驗題型為選擇題、另一半為問答題，問答題的計分依學生理解程度而定，而非以寫作的好壞而論。

PIRLS 將閱讀分數分為五個分級水準：最高級、高級、中級、低分級和未進入最低要求。透過其對於前四個分級水準的評分細項說明（如表 4-2），我們更容易掌握對學生閱讀素養的評估。

---

[21] 柯華葳、詹益綾、邱嘉慧（2013）。**PIRLS 2011 報告——台灣四年級學生閱讀素養**。桃園：國立中央大學。

表 4-2　PIRLS 2011 國際分級水準

	當閱讀故事體，學生能：	詮釋理解歷程
最高級水準	1. 從文中檢視和評估訊息，以賞析全文主旨。 2. 整合全文訊息，以解釋角色特性、意圖、感受，並提出文章中的證據。	1. 區辨和解釋全文訊息，並提出文章中的證據。 2. 找出訊息說明解釋重要性和序列性行動。
高級水準	1. 找出相關情節並分辨出重要細節。 2. 推論以解釋意圖、行動、事件、感受間的關係，並提出證據。 3. 貫穿全文，解釋和整合事件以及主角的行動。 4. 從全文中評論事件和行動的重要性。 5. 辨識文體的特徵。	1. 使用文章內容或表格建構及分辨訊息。 2. 從邏輯連貫的抽象或是隱藏的訊息中作推論。 3. 整合文章和視覺的訊息去解釋概念間的關係。 4. 全文整合，找出要旨並提供解釋。
中級水準	1. 找出主要事件、情節順序以及相關的故事情節。 2. 直接推論主要角色的特質、感覺及動機。 3. 能解釋出明顯的理由和原因，並提出文章中簡單的證據。 4. 開始辨識文體的特徵和風格。	1. 能從文章找出一、兩件訊息。 2. 使用次標題、圖表等線索找出訊息。
低分水準	1. 找出並辨識已清楚說出的細節。	1. 找出已明確描述的訊息，如文章的開頭或是已明確定義的訊息。

　　在教學現場中，評量與教學有著密不可分的關係，而具嚴謹品質控管的 PIRLS 評量架構，提供閱讀教學教師明確的方向，教師若能掌握其精髓，必能精進閱讀教學知能，成為閱讀教學的助力，培養學生良好的閱讀素養。

閱讀重在「有意識的理解」

　　閱讀，其實是很個人的一件事，也絕對是重要的一件事。了解閱讀理解的歷程後，我們應該更懂得如何閱讀，或者應該說，更懂得如何高效閱讀。

　　請一定要記住，高效閱讀應該著重於有意識的理解，不僅知道自己在讀什麼，也知道為何而讀、要怎麼讀。

Chapter 5

回顧二：閱讀理解問思教學[1]

閱讀理解問思教學

　　英國哲學家培根說：「讀書不是為了雄辯和駁斥，也不是為了輕信和盲從，而是為了思考和權衡。」我們由學習經驗進行反思，當我們在過往遭遇到問題時，確實會先在腦海中搜尋可複製、執行可解決問題的公式、原則，即便是發問，也只是為了直接獲取答案；只要問題解決了，似乎少有進一步的探究：為何此法可以解決問題？是否有更好的方法？看似有效率的學習節奏，卻少了學習者的感知與思維，也就少了進一步創造的可能、少了學習的價值。

　　那麼，教育該如何培養學生的思維能力或習慣呢？愛因斯坦曾說：「提出一個問題往往比解決一個問題更重要。」透過提問，促動學習者深度的思考，才能經驗真正的學習，厚實學力。「問問題」看似不困難，但如何提出一個好問題，進而引導學生思考，達成教學目標，就不是一件容易的事了。

閱讀理解問思教學的內涵

　　就閱讀教學的內涵來看，閱讀教學包括「閱讀理解教學」、「閱讀策略教學」、「讀寫結合教學」三大取向，使學生能展現「理解內

---

❶ 「閱讀理解問思教學模式」詳細內容，可參考許育健（2015）。**高效閱讀：閱讀理解問思教學**，臺北市：幼獅文化。

容」、「理解形式」、「運用策略」三項閱讀能力。而閱讀教學的三
大取向：「閱讀理解教學」、「閱讀策略教學」與「讀寫結合教學」，
都與教師的提問息息相關，如圖 5-1。「閱讀理解教學」能幫助學生
理解文本的內容，「閱讀策略教學」則希望藉由教導學生策略技能，
進一步幫助理解內容，例如：摘要、連結等策略，而「讀寫結合教學」
以文字將思考的歷程產出，教師可用文本的優美詞句、段落等讓學生
仿作或者進行相關寫作練習，閱讀與寫作緊密相連，而這三者的交集，
即為「閱讀理解問思教學模式」。

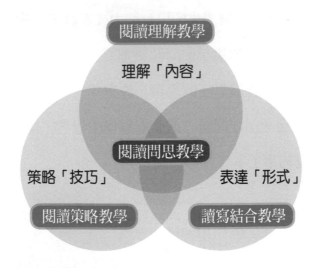

圖 5-1　問思教學與閱讀教學三大取向

　　簡言之，閱讀理解問思教學是向學生提問，讓他們有機會思考，並運用已經學會的技能，或藉由教師提問引導學生運用方法，達成理解內容、理解形式及運用策略的閱讀任務。教師在課堂上發問不一定是問思教學，但在問思教學的課堂中，教師一定要提問，提出有層次的問題、能引發學生思考的問題，在理解與策略並用的教學中，同時涵養學生的寫作表達能力，並滿足閱讀教學三大取向。

閱讀理解問思教學模式

　　閱讀理解問思教學模式，是指一個完整的閱讀教學（包含內容深究及形式深究）歷程，由「三階段」與「四步驟」所組成。**三階段為「課前預習」、「閱讀問思」及「課後評估」；四步驟**則是指第二階段「**閱讀問思**」中，以「**文本閱讀**」、「**差異提問**」、「**思考討論**」及「**回應表達**」四個步驟循環進行，如圖 5-2 ❷。

一、第一階段：課前預習

　　第一階段為「預習」，即課前閱讀與經驗比較。每個學生進入教室時，皆有屬於他的背景經驗，每個讀者在閱讀文本時，也有屬於他的文本經驗，面對陌生的文本，讀者很難在短暫的課堂時間內和文本

---

❷ 許育健（2015）。**高效閱讀：閱讀理解問思教學**（頁 58）。臺北市：幼獅文化。

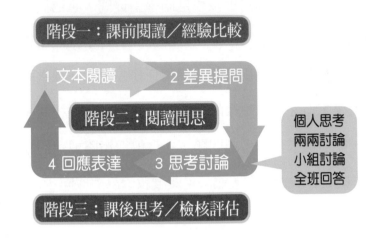

圖 5-2　閱讀理解問思教學模式

產生互動，更別說是產生共鳴了。因此，對於有效的閱讀討論而言，學生的預習是重要且必要的。

　　閱讀教學前，教師指導學生以「三次閱讀」的方向進行預習，三次閱讀的重點分別為：印象閱讀、讀懂內容、讀出寫法，目的在使讀者與文本展開第一次的概略性理解。

二、第二階段：閱讀問思

　　「閱讀問思」由「四個步驟」組成系統化的教學；文本閱讀、差異提問、思考討論、回應表達。

步驟一：進行「文本閱讀」

這時學生已有第一階段預習的準備，因此學生在此時的閱讀可聚焦於提問的範圍，讓學生再次精讀文本，亦可使課堂教學與學習較有效率。

步驟二：進行「差異提問」

差異提問為不同層次的提問，旨在提供學生學習與思考的鷹架，可分為「方案 ABC」。A 方案為不給學生任何提示，學生自由回答。B 方案為給予學生提示，讓學生聚焦於問題的範圍。C 方案以選擇題、配合題、排列題等方式呈現題目選項，可不受學生的基本寫作能力影響，也較不牽涉學生的表達能力，能直接確認學生是否理解文本。

步驟三：進行「思考討論」

此步驟也是閱讀理解問思教學中的核心，藉由「好的提問」促發學生思考與討論，教師以不同層次的提問來檢視學生的理解能力，而學生的討論方式可分為四類，分別為全班回答（TS）、個人思考（S）、兩兩討論（SS）、小組討論（G），採取何種討論方式與題目的難易程度有關係。以 PIRLS 閱讀理解四層次為例，直接提取或直接推論的題

目，可採個人獨立思考再進行全班回答，而詮釋整合或比較評估的題目，則需要二人討論或小組合作，再進一步澄清觀念或統整出全班的意見。

步驟四：進行「回應表達」

其目的是了解學生的理解程度。學生的表達方式大概可分為口頭與書面二種，書面表達雖可保留紀錄，但是，表現的情況會受到學生寫作能力的影響。換句話說，不能因為學生寫不出來，而認定他不理解文本。

在第二階段中，教師每提出一個問題，就會經歷此四個步驟（文本閱讀→差異提問→思考討論→回應表達）成為一個循環，若提出六個問題，則會有六次循環，而學生也將反覆精熟文本。

三、第三階段：課後評估

第三階段為「課後評估」具有「課後思考」與「檢核評估」之功能，歷經數道提問後，學生已經從第二階段的四個步驟中，習得新知，為了鞏固其學習，並使學習歷程完整，教師可於教學結束前安排「課後思考」。請學生回顧本節課的學習內容，以及自我檢核與評估。

歸納而言，與文本互動的過程中，學生可能需要閱讀策略（連結、摘要、評估、理解監控等）來幫助自己完成教師交付的閱讀提問或任

務。每一次的活動，都是讓學生再次檢視自己的理解，並學習使用閱讀策略，在看見自己的思考中，建立學習的信心。

　　閱讀理解問思教學模式，將透過有層次的提問，系統化的引領學生與文本互動，活化學生的理解力。而當學生的理解能力增加時，他能藉由閱讀去了解周遭的世界，具備這些能力來探索世界時，學生也同時擁有了「自學」的能力，如同柯華葳所說：「閱讀素養就是一種自學能力。」

Chapter

6

好朋友：
合作學習與教育科技

合作學習

　　為有效實踐十二年國民基本教育的理念與目標，教育部 ❶ 積極推動多項活化教學策略，如：有效教學、差異化教學、補救教學、混齡教學、多元評量、翻轉教室等，雖然各有其特色，但都以「分組合作學習」為基礎，將長期以來教師單向講述、學生被動聽講的傳統教學型態，轉變成「以學生為中心」的教學模式。

　　由相關實證研究 ❷ 中發現，合作學習（cooperative learning）對於學生學習的影響效果優於個別學習，且有助於提升學生批判思考；異質性分組有助於促進學生同儕間的積極互動，培養社會技巧；而在合作學習的歷程中運用良好的獎勵結構，有助於提升學習成就、學習動機及社會互動。

　　換言之，在今日的教育趨勢下，合作學習確實能藉由教室生態的改變，活化教師教學，使學生能積極主動參與學習，進而提升學習成效。

---

❶ 張新仁、黃永和、汪履維、王金國與林美惠（2013）。**分組合作學習教學手冊**。臺北市：教育部國民及學前教育署。
❷ 吳俊憲、黃政傑（2006）。合作學習的發展與前瞻。載於黃政傑、吳俊憲主編，**合作學習發展與實踐**（頁 10）。臺北市：五南。

合作學習的意涵

　　合作學習是一種運用分組的方式，讓學生在組內與同儕合作互動，進行學習，使彼此都能獲得最佳學習的一種教學方法❸。合作學習強調「以學習者為中心」，提供學生與組內同儕相互討論、小組練習與促進其主動思考的機會。合作學習的過程中，每位小組成員不僅要對自己的學習負責，也要幫助同組的成員成長，合作學習使教學不再局限於教師的直接教學，能促進學生主動學習，提升學習動機。進行分組合作學習前，教師需依據學生特質與教學需求，將學生以異質性或同質性分組，然後，透過小組成員的互動與合作，提升學生的學習成效。

　　Vygotsky 的認知發展理論提及近側發展區❹（Zone of Proximal Development, 簡稱 ZPD）與鷹架作用（scaffolding）。所謂「鷹架」，就是他人給予兒童的協助❺。提供鷹架的方式有很多，包含老師提供學生的學習鷹架、學生同儕之間相互協助的鷹架，學生經由學習網路資源獲益等等。分組合作學習的原理，強調學習系統將由教師的單一支持鷹架，擴大為由學生同儕的協作，亦即「同儕教導」或「同儕協助」❻。

❸ 黃永和（2015）。合作學習傾聽與發表技巧的指導。**國民教育，55**（1），101-110。
❹ 近側發展區，指學習者現實及實際可達到的發展的差距，也就是在學習者的學習能力所及的範圍內，但暫時未能理解的學習內容。
❺ 張春興（2002）。**教育心理學**。臺北市：東華。
❻ 同註 1。

　　2003 年聯合國教科文組織（UNESCO）提出終身學習對於 21 世紀的人類而言是面對全球競爭的精神財富，終身學習具有五大支柱：學習求知（learning to know）、學習實踐（learning to do）、學習做人（learning to be）、學習與他人共同生活學習（learning to live together）、學習改變（learning to change）。簡言之，「培養合作能力，學習與他人一起學習」為國民的核心素養之一。

　　分組合作學習已經累積了無數的研究經驗，具備數十種的教學策略，可依據教學目標、學生特質等靈活運用於課堂上。張新仁等人（2013）指出以適用的教學情境而分，合作學習大致分為三大類：第一類為「促進同儕的分享與討論」，第二類為「協助學生精熟課程內容」，第三類為「引導小組探究主題」。

　　現今大多數的工作都非單打獨鬥一人完成，而是需要共同目標的團隊合作。教學者設計課程，應用網路科技為學習的工具時，如果能加上高層次的合作學習，將激發學生的學習興趣，增進學習互動，也能讓學生的學習保持在近側發展區中，而不會有學習中斷的現象❼。

---

❼ 孫春在、林珊如（2007）。**網路合作學習：數位時代的互動學習環境、教學與評量**。臺北市：心理出版。

合作學習之策略

合作學習在過去近四十年來廣泛應用，且持續發展出多種適合於不同學習需求的策略，依據教育部《分組合作學習教學手冊》，常見的合作學習策略依其目標可分為三類；

1. 促進同儕分享與討論，如：配對學習（pair-learning）、六六討論法（Phillips 66）、拼圖法（Jigsaw）、腦力激盪法（brainstorming）。

2. 協助學生精熟課程內容，如：學生小組成就區分法（Student Team Achievement Division, 簡稱 STAD）、拼圖法第二代（Jigsaw-II）、相互教學（reciprocal teaching）、認知學徒制（cognitive apprenticeship）。

3. 引導小組探究主題，如：團體探究法（Group Investigation, 簡稱 GI）、共同學習法（Learning Together, 簡稱 LT）、問題本位學習（Problem-Based Learning, 簡稱 PBL）、學習社群（學習共同體）（learaning community）。

除了上述策略，複合教學法（Complex Instruction, 簡稱 CI），強調在學習活動中，讓成員擔負不同角色任務，著重學生較高層次的思考能力，教師於總結歸納時，適時統整觀念、解答疑問；團隊合作學習（Team-Based Learning, 簡稱 TBL），則認為真正有意義的「團隊活

動」作業，應該是一個要求整組討論、腦力激盪、集思廣益、共同解決難題的學習過程，需要每一個小組成員的投入與參與才能完成的作業，不會只是「分工而不合作」的拼圖作業，注重對話、交流、同儕評量而彼此學習❽。

團隊合作學習

　　團隊合作學習模式自 1980 年代被提出以來，至今已經發展超過三十年，是一種創新的教學策略與模式，透過將班級分為多個團隊的課堂型態，讓學生在社會化的情境中，以自學、思考、討論、發表等合作方式學習，並解決具挑戰性的學習任務。在 TBL 團隊合作學習模式的課堂中，教師的角色則從原本的知識傳遞者，轉化為學習的引導者，課堂中的講述減少之後，教師則是專注在運用活動設計與班級經營策略來促進團隊動力，並能照顧學習差異，發揮合作學習的最大效益❾ ❿。

---

❽ 史美瑤（2012）。**以學生學習為中心的教學：團隊導向學習法**。http://epaper.heeact.edu.tw/archive/2012/07/01/5828.aspx

❾ 梁仁楷、張奕華、吳權威（2015）。**「TEAM Model TBL 團隊合作學習模式」之理念與實踐案例**。取自 http://www.habook.com.tw/eteaching/habook_epaper/2015/20150115_TEAM_Model_TBL/20150115_TEAM_Model_TBL.htm

❿ Mcinerney M.J. & Fink L.D.（2003）. Team-based learning enhances long-term retention and critical thinking in an undergraduate microbial physiology course. *J. Microbiol. Biol. Educ.* 4（1）:3-12 doi: 10.1128/154288103X14285806229759

　　Michaelsen、Sweet 與 Parmalee（2009）❶ 提及團隊合作學習模式使學生能更積極與人合作的原因有三：首先，在團隊合作學習模式中，小組的任務為讓學生接觸並增強其在課堂學習的能力；其次，在本模式的課程時間，大多為組內的工作時間；第三，教師設計許多關於此模式的任務，以提高學生學習型團隊的發展。

　　在團隊合作學習模式的課堂中包含四項基本要素：團體、責任、回饋、任務的設計與分配。分述如下：

1. 團體（Groups）：必須正確形成與管理團體，在團隊合作學習模式之下，教師必須監督和管理學生所形成的團體，避免有干擾團體凝聚力的事項，以確保團體能成為真正的學習小組。

2. 責任（Accountability）：學生對於個人和組內的工作有其責任，小組內的成員都必須有所貢獻。

3. 回饋（Feedback）：學生必須接受經常性和即時性的回饋，這些回饋對於學習能產生重大的影響。

4. 任務的設計與分配（Assignment Design）：團隊任務必須能讓組員學習，並讓小組發展。

若按 Michaelsen 所設計的模式將需耗費較多的準備時間與教育資

❶ Michaelsen, L., Sweet, M., & Parmalee, D.（2009）. Team-Based Learning: Small Group Learning' s Next Big Step. *New Directions in Teaching and Learning*, 7-27. California：Jossey-Bass.

源，因此梁仁楷等人採取 Michaelsen 的模式精神，結合智慧教室，發展出能應用於基礎教育的創新教學模式──「TBL 團隊合作學習模式」。此一學習模式具有以下的內涵：

1. 團隊分組：將學生進行異質性分組。

2. 佈置問題：任務為課堂的核心，須以合作學習、解決問題為導向。

3. 主動學習：以學生為學習的主體。

4. 教師引導：教師需引導和管理團隊。

5. 社會學習：學生在團隊內進行社會學習，發揮大班教學的優勢。

6. 科技輔助：教師以科技輔具幫助學生學習。

7. 看見思考：科技輔具能讓教師掌握學生的學習狀況。

梁仁楷等（2015）指出，教學者實施 TBL 團隊合作學習模式，應掌握七項關鍵要素以成功進行合作學習，說明如下：

1. 異質分組：一個小組中有各種類型的學生，更能發揮團隊合作的效益。

2. 精確掌握：教師能用科技輔具精確地掌握學生個人、團隊及全班的學習狀態，進而微調教學進度。

3. 團隊動力：教師於課間巡視時，需關注組內的學習狀態，也可用智慧助教 APP 記錄課堂活動、蒐集作品，成為

教學素材。

4. 思考討論：討論的方式為「先個人思考，再團隊討論」，學生必須先自學、思考，才能與同儕討論交流。

5. 競爭合作：教師呈現各組的討論結果，全班觀摩作品的同時，也會產生競爭心理，並以「競爭」激勵「合作」。

6. 挑人發表：以抽籤挑人代表團隊發表，並輔以班級經營，激勵組內學生產生相互學習的效果。

7. 評價表揚：各組的作品，除了由教師進行評論，也可讓學生們即時互評，如此能讓學生產生參與感與榮譽感，以「評分」激勵「參與」。

　　團隊合作中，最大的教學挑戰為組間討論動能的差異、組內成員能力的落差，造成教師無法兼顧不同程度的學生，而影響教學成效。對於不同年齡、不同特質的學生，教師若掌握 TBL 團隊合作學習模式的關鍵要素，激發團隊動力，引導並協助學生思考討論，就能產生合作學習的效益，激發學生學習興趣。

教育科技：以智慧教室為例

隨著全球化和數位化時代的來臨，訊息傳遞更加快速、方便，這不僅對人類的日常生活產生極大的改變，也影響了學習環境。2012 年起引領全球進入新的學習風潮的「磨課師」（Massive Open On Line Courses, 簡稱 MOOCs），正說明了 21 世紀學習的特性——即時、個別化。MOOCs 或許不能取代學校的正式課程，但由其迅速發展、使用者遍及全球來看，現代教學必須滿足不同學習者的個別需要，也應正視、並善用科技對教育的影響。

New Media Consortium（簡稱 NMC）**⑫** 是一個國際性的教育科技專家社群機構，在 NMC《地平線報告——2012 基礎教育版》中已提到，未來 5 年內科技使用於基礎教育（K-12）的關鍵趨勢包括：教育將朝向線上學習、混合式學習和合作模式轉移；使用網路資源開啟「即時學習」（just-in-time-learning）與「發現式學習」（discovered learning）的大門；科技持續影響我們工作、協作、溝通和成功的方式；課堂上強調更多挑戰式學習和主動學習。

由此可知，現代教學除了培養領域專業知能，更必須兼顧跨領域的多元統整能力，學習善用科技，方能提升學習效能。

---

⑫ 林義斌（2013）。中小學教育的關鍵趨勢與重大挑戰——2012 地平線報告的啟示。**國民教育**，**53**（4），98-107。

在日新月異的教育科技發展之中，許多軟硬體設備設計與製造公司皆十分看重教育市場，也挹注大量的研發設計的心力於此領域，也有許多傑出的展現。本書為讓讀者能較完整的理解一套完整的教育科技系統所應具有的理念與技術，以下將以多次獲得臺灣精品獎的「網奕資訊」公司之教育科技整合系統「TEAM Model 智慧教室」為例，說明目前教育科技設計的理念與應用方法。

由於智慧教室乃植基於智慧教育的相關理念，故以下先以智慧教育的內涵談起，再論及智慧教室之意涵、建置型態及其教學模式。本書之智慧閱讀教學模式，受此相關理念影響甚深，故簡要論述作為智慧閱讀理論基礎依據之一。

智慧教育之內涵

隨著 ICT 的不斷創新，智慧教育（Smarter Education）目前仍在發展中，但從許多研究報告中，我們可了解到近年來世界各國莫不致力於智慧教育相關研究之中，無論是早期的多媒體運用，或是今日的網路、雲端之應用，學校教室內的教學已逐漸擺脫傳統的粉筆、黑板；在美國、澳洲、加拿大、中國……許多國家已善用逐漸成為日常生活用品的平板電腦、智慧型手機作為學習輔助工具，自攜設備方案（Bring

Your Own Device, 簡稱 BYOD），亦成為推動重點。

　　學生的學習，由於行動設備而打破了傳統教室空間的限制，透過應用程式（APP），連結課程和真實生活，無論是帶著行動載具走出教室實地觀察，或是利用擴增實境（Augmented Reality, 簡稱 AR）讓學生在教室中感受真實情境，數位科技打造了無所不在的學習可能，然而，智慧的工具、智慧的環境，仍須有智慧的教師引領，才能整合並發揮數位科技在教學上的貢獻，創造教育的無限可能❸ ❹。

　　智慧教育的發展源於2008年IBM董事長Sam Palmisano提出的「智慧星球」（Smarter Planet）概念，其後，IBM以「智慧教育」的概念及技術，協助教育界打造「智慧校園」。由NMC每年進行地平線計畫，亦可知世界各國近年來對於如何使教育更加智慧化（smarter）投注的心力。對於智慧教育的定義，張奕華和吳權威（2014）❺指出，智慧教育係指應用ICT促進教育的革新與發展為宗旨，以發展智慧學校為基礎，以發展智慧學區為願景，應用ICT的輔助，發展充滿智慧的教育環境，應用現代化的教育理念，發展以學生為中心的教育理想，實現適性揚才，公平均質的境界。

---

❸ New Media Consortium（2015）. NMC Horizon Report 2015 K-12 Edition. Retrieved from http://www.nmc.org/publication/nmc-horizon-report- 2015-k-12-edition/
❹ 程玫、單美賢（2013）。關於智慧學習環境的研究綜述。**現代教育技術**，23（9），25-28。
❺ 張奕華、吳權威（2014）。**智慧教育：理念與實踐**。臺北市：網奕資訊科技。

　　吳清山（2015）❶❻認為，智慧教育係指以學生為中心的教學與學習方式，使用科技支援與服務於教學和學習上，讓學生使用任何載具接近學習入口，透過多元取向引起學生學習動機，並運用診斷工具和雲端服務提供即時的學習評量結果，以提升學生學習效果。陳琳（2015）❶❼則認為，智慧教育是適應數位新世代❶❽的教育新型態，是適當而有效地利用現代資訊技術實現智慧化教學、智慧化學習、智慧化評價、智慧化管理、智慧化服務以及增進學生高級思維能力和創新創造能力培養的教育，以實現教育由不完全適應社會發展向適應社會發展，再向引領社會發展的重大轉變。

圖 6-1　智慧教育核心概念

❶❻ 吳清山（2015）。智慧教育。**教育研究月刊，03**，142-143。
❶❼ 陳琳（2015）。智慧教育創新實踐的價值研究。**中國電化教育，339**，15-19。
❶❽ 原文為「數字新一代」，對於 Digital 一詞，中國譯為「數字」，臺灣則習慣以「數位」稱之。

　　由上述可知，智慧教育（如圖6-1）❶的核心概念是以學生為中心，運用教育科技輔具，進行教學、學習、評量、診斷及管理，透過提供自主、開放、便利的學習機會，成就每一位學生，為教師和學生提供更靈活、有效的新教育型態。

智慧教室的意涵

　　「智慧教室」是以運用科技，實現以學生為主體的教育理想的理念所建置的學習空間。

　　學者們從不同角度定義智慧教室，黃榮懷等（2012）❷認為，能優化教學內容呈現、便利學習資源獲取、促進課堂交互開展，具有情感感知和環境管理功能的新型教室，稱之為「智慧教室」，是一種典型的智慧學習環境，其智慧性包含五個層面，分別為內容呈現（showing）、環境管理（manageable）、資源獲取（accessible）、即時互動（real-time Interactive）與情境感知（testing），簡稱為SMART，也是現今智慧學習時代的選擇之一。聶風華等（2013）❸則認為智慧教室是為教學活動提供智慧應用服務的教室空間及其軟硬體

❶ 修改自張奕華、吳權威（2014）。**智慧教育：理念與實踐**（頁7-10）。臺北市：網奕資訊科技。
❷ 黃榮懷、胡永斌、楊俊峰、肖廣德（2012）。**智慧教室的概念及特徵。開放教育研究，18**（2），22-27。
❸ 聶風華、鍾曉流、宋述強（2013）。**智慧教室：概念特徵、系統模型與建設案例。現代教育技術，7**（23），5-8。

裝備的總和。

張奕華、許正妹與張奕財（2014）㉒指出，智慧教室為依據教師的教學需求，設置各項 ICT 設備，具備智慧（intelligence）、便利（convenience）與效能（efficiency）的 ICE 特性的智慧教學輔助，並提供課堂「教」與「學」的服務。

教育科技設備能提供學生「同儕評量」的功能，學生將跳脫被動的學習者角色，嘗試以教師的角色去評論同儕的作品。而評論他人的作品不僅能使評論者產生高層次的思考，也能讓受評者得到快速且多量的回饋。呂宗學指出，適當的提問設計與課程規劃，搭配智慧教室科技輔具的運用，不但可以激勵學生參與討論，也可以克服學生在班級教室發言的障礙㉓。如同吳清山（2015）所言，以智慧教育之理念所建置的「智慧教室」，帶來的效益已經不是只有教學和學習的便利性，更重要的是打破了時間與空間的限制。簡言之，在智慧教室的環境下，教育科技設備提供教學者與學習者「立即性」的回饋，產生了更高的學習效益。

㉒ 張奕華、許正妹、張奕財（2014）。資訊科技融入班級經營之策略；兼談 TEAM Model 智慧教師之創新應用。**教育研究月刊，239**，32-52。

㉓ 同註 15。

智慧教室的建置型態

　　在智慧教室中軟硬體設備包含電腦、短焦投影機、互動式電子白板或觸控電視、教學提示機、IRS 即時反饋系統、平板電腦、互動教學

圖 6-2　智慧教室環境示意圖

系統軟體、雲端平臺等教育科技輔具。智慧教室的概念呈現如圖 6-2。

　　智慧教室具有四項 e 化的科技服務模式；評量 e 化、診斷 e 化、課堂教學 e 化、補救教學 e 化，這四項服務所使用的設備與關係如圖 6-3 ㉔。

　　而 e 化教室可依不同的教學目標、教學方式、教室空間與學校經費的限制下而設置不同的型態，例如：班級智慧教室、群組智慧教室、

㉔ 修改自張奕華、吳權威（2014）。**智慧教育：理念與實踐**（頁 5-10）。臺北市：網奕資訊科技。

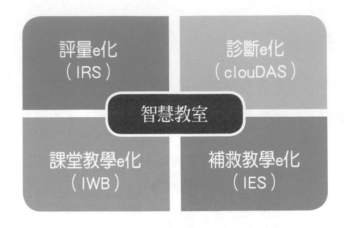

圖 6-3　智慧教室之科技服務模式圖

遠距智慧教室、雲端智慧教室、平板電腦智慧教室等。

　　由上述可知，智慧教室的型態與設備多元，依功能需求、使用者與預算等不同因素可彈性調整。本書提及的教學案例所採用的教育科技輔具，包含互動式電子白板、平板電腦、IRS 即時反饋系統，舉凡相同功能之產品，皆適用於本書所提之教學模式。以下就本書案例所使用的教育科技輔具進行功能說明。

一、互動式電子白板

　　本書教學案例所使用的互動式電子白板如圖 6-4，具備觸控式螢幕，能以觸控筆或手指操作滑鼠，也能在白板上使用隱藏式鍵盤打字

等，能完全控制電腦，電腦的操作將顯示在電子白板上，而電子白板上的操作也將同步顯示在電腦上，進一步透過軟體輔助即可將白板上的講解與操作過程保存。此外，學生還能上臺操作，進行互動學習。

圖 6-4　互動式電子白板

二、平板電腦

平板電腦為具有體積小、輕且薄、攜帶方便、具觸控與拍照等功能的行動上網裝置，學生可藉由平板電腦將小組討論的作品拍照後，透過學習端軟體上傳至互動式電子白板。除了觀摩同儕作品，學生也能運用平板電腦查詢資料、影像截圖等相關功能，完成教師所交付的學習任務。由於平板電腦具備教學提示機的功能，故亦可使用平板電腦取代教學提示機，簡化智慧教室設備。

三、IRS 即時反饋系統

IRS 即時反饋系統（Interactive Response System, 簡稱 IRS），是一種在教室內促使學生融入教學內容的教育科技工具，俗稱為「按按按」系統，教師端與學生端各具備反饋器，再搭配電腦、超短焦投影機、接收器，即可使用於教學中，能隨時進行提問與測驗。

IRS 即時反饋系統具備多種功能，分述如下：

1. 提供測驗：當教師的教材設計具有正確答案時，可統計學生答題對錯。

2. 調查：若無正確答案時，則可以統計學生的想法做為參考。

3. 搶答：系統跳出最快回答正確答案的學生。

4. 搶權：最快反應的學生，取得發言或回答權，如同最快舉手的人一樣。

5. 挑人：教師可用系統選出一位或多位學生，進行指定的活動、任務等。

6. 淘汰賽：進行競賽式活動，回答正確的學生才能夠繼續回答下面的題目。

IRS 系統能即時統計所有學生的答案與選擇，將以統計長條圖、圓餅圖呈現，如圖 6-5，教師也可翻牌顯示每位學生的答案。此系統發揮教育科技的立即性功能，讓教師在教學過程中，即時得到重要的

統計資訊，利於進行教學決策。而統計圖表也能藉由電子白板截取，

儲存記錄，作為下一次講解、補救教學或教學調整的依據。

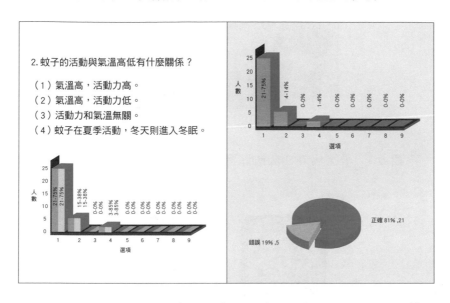

圖 6-5　即時反饋系統教學頁面及統計圖

　　上述的教學功能，教師可因不同的課程目的採取不同的 IRS 即時

反饋系統功能。在本書中所提及的教學案例，教師提供每位學生一個

反饋器設備，學生端的反饋器（如圖 6-6）和教師端的反饋器（如圖

6-7）功能略有不同，學生端的反饋器功能較為簡易，主要目的為傳送

學生所按下的鍵號至電腦；而教師端的反饋器具有控制上下頁、顯示

統計圖表、挑人、翻牌、重設答案、顯示活動視窗等多項功能，教師

端反饋器亦可以智慧型手機安裝智慧助教 APP 代替，兼具拍照（教學

提示機）功能，提升便利性。

圖 6-6　學生端 IRS 反饋器與安裝學習軟體之平板電腦

圖 6-7　教師端 IRS 反饋器與安裝應用程式之智慧型手機

　　這種即時性的反饋機制，能幫助學生更專心，也能讓教師掌握學生的學習成效，突破傳統教室中，由教師單方講課，學生獨自聽講的單向授課模式，除了提高師生的互動以外，還能使課堂的學習氣氛活潑熱絡。學生作答的情形以科學數據化呈現，將能幫助教師進行診斷性評量、課後的補救教學等活動，提升教學決策的效率。

智慧教室教學模式

科技進入教室，除了帶來學習環境外觀的變化，更重要的是促動學習模式的改變。

一般而言，智慧教室具備以下特色：1. 運用科技智慧技術；2. 提供完整的「教」與「學」智慧服務；3. 實現智慧管理；4. 建構便利且有效能的智慧學習環境；5. 提供個性化且互動性強的高效學習模式。因此，透過智慧教室強大的教學輔助功能，可豐富教師端的軟、硬體，引領了「教」的改變；學生端也因使用學習載具，引領了「學」的改變；同時，運用資訊科技「運算快速」與「記憶無限」的特性，發展出更多元、可複製的科技創新教學模式。

智慧教室能應用於各種類型的教學模式，智慧閱讀以閱讀問思為主軸，因此，特別探討以智慧教室支援於提問教學的模式。

在智慧教室提問教學模式中，工具應用分為四種[25]：

一、投票與評分

雖然在無科技輔助的狀態下，傳統的教室也可以進行投票與評分，但是，藉由科技輔具的運用，能讓活動更為生動有趣，也可以避免發言權集中在少數學生手中，使每一個學生都有表達自己意見的空間。

[25] 吳權威、張奕華、許正妹、吳宗哲、王緒溢（2014）。**智慧教室與創新教學：理論及案例**。臺北市：網奕資訊科技。

透過科技的立即統計功能，學生可以清楚地表達個人思考，也能發現彼此意見的矛盾之處，刺激思考與討論，形成全班共識。

二、雙變項提問

　　教學時，設計二種變項的提問，請學生使用科技輔具作答，讓教師了解不同集群的意見或態度。此種提問設計，可以應用於價值澄清、討論或辯論或活動中，也能讓團體中的個體了解每一個族群的想法。

三、開放性提問

　　教師以開放性問題提問後，學生於紙本上寫下書面答案，教師再請學生使用科技輔具按下答案的類別或屬性，進行統計後再應用實務提示機或平板電腦的拍攝功能，將作品上傳至電子白板，進行作品討論。

四、追蹤答案背後的原因

　　這是科技應用於教育情境中，最為有效實現的教學模式，尤其當學生藉由 IRS 及時反饋系統回答教師提問時，每一位學生的作答都記錄於電腦主機中，再藉由資訊科技的特性「運算快速」與「記憶無限」，將統計出每位學生的作答軌跡。教師也能藉此進行分析與補救教學。

　　在國際教學科技的發展與應用經驗發現，直接複製成功的科技應

用經驗，是提高教育投資報酬率最好的方法❷。根據張亞珍等（2014）❷的研究，國外較側重於智慧教室案例和實驗研究，這是因為只有在應用中才能了解智慧教室的功能、驗證智慧教室的智慧性，尤其智慧教室與具體學科結合之研究，有利於促進學習情境化和社會性，提高學生問題解決能力和資訊技術應用能力。因此，除了建置智慧教室的技術之外，發展智慧教室教學模式亦為推動智慧教育的重要關鍵之一。

　　國內外已有許多的科技創新教學模式，例如：美國西維吉尼亞大學和高雄醫學大學的講述法科技創新教學模式（如圖 6-8）❷，皆利用IRS 即時反饋系統作為教學輔具，雖仍採講述法，教師的教學模式改變不多，但研究結果卻發現，和傳統講述法相較，學生學習成就有明顯的差異，平均成績進步約 5 ～ 10 分。

圖 6-8　講述法科技創新教學模式

---

❷ 張奕華、王緒溢、吳權威、吳宗哲、韓長澤（2011）。**教學科技與創新教學：理論與案例**。臺北市：網奕資訊科技。

❷ 張亞珍、張寶輝、韓雲霞（2014）。國內外智慧教室研究評論及展望。**開放教育研究，20**（1），81-91。

❷ 同註 15。

　　張亞珍等（2014）指出，在智慧教室教學模式的發展上，以臺灣提出的 Team Model 智慧教室有較多元、完整的教學模式，如：臺北市雙園國小的「自然智慧教室——預習與複習」創新教學模式、臺北市北市大附小的「6E 探究教學模式」、寧波市惠貞書院的「多元互動模式」及「平板電腦推送合作模式」等。

　　賴阿福（2014）㉙指出身為教師需具備將資訊科技融入教學的知能，而在適當的時機採用合適的科技設備，將帶來極佳的教學效果。因此，倘若教師能充分善加運用教育科技，將有助於革新「教」與「學」。值得注意的是，在提煉科技創新教學模式時須兼顧科技知識、教學知識及學科知識，而**發展過程中，應將重心放在教學而非科技**，這應該是教師在運用現代科技輔助教學時，必須具備的基本態度。

　　教學是需要經驗的，進行智慧教室教學設計亦同，歸納上述可得知，**智慧教室教學仍應以教學設計為導向，發揮工具特質的重要性，用科技來豐富學習內容，如此才能提升學習成效，展現智慧學習之價值**。在本書中所提及的教學案例的智慧教室除電子白板及單槍投影機外，還將採用 IRS 及平板電腦進行教學，並利用 clouDAS 雲端診斷分析及 IES 雲端補救學習平臺，以建構高效 e 化服務的學習環境。

㉙ 賴阿福（2014）。資訊科技融入創新教學之教學策略與模式。**國教新知**，**61**（4），28-45。

Chapter
7

理念：
閱讀・科技・SMART

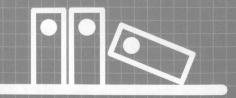

智慧閱讀的理念

「核心素養」是指一個人為適應現代生活及面對未來挑戰，所應具備的知識、能力與態度。「核心素養」強調學習不宜以學科知識及技能為限，而應關注學習與生活的結合，透過實踐力行而彰顯學習者的全人發展。

〈十二年國民基本教育課程總綱〉於此揭櫫未來十年，臺灣基礎教育的目標在於培養具有核心素養的社會公民。依課綱之明示，「核心素養」強調培養以人為本的「終身學習者」，並以「自主行動」、「溝通互動」、「社會參與」三大面向為軸，再細分為「身心素質與自我精進」、「系統思考與解決問題」、「規劃執行與創新應變」、「符號運用與溝通表達」、「科技資訊與媒體素養」、「藝術涵養與美感素養」、「道德實踐與公民意識」、「人際關係與團隊合作」、「多元文化與國際理解」等九大項目。

綜觀此三大面向與九大項目的內容，可知學生未來應有之「語文素養」將不只是具備聽、說、讀、寫等語文基本能力，更須進一步致力於以系統性思考、溝通討論與團隊合作，並應用科技資訊能力以解決生活中所面臨的問題。其中，閱讀素養更是語文素養的核心之一，也是理解其他領域學科知識的重要途徑。

閱讀，開啟學習之門

生活中原本就充斥著各式各樣的訊息，無論以文字、語言或其他型態呈現，透過閱讀「認識世界、累積知識」是重要的管道之一。讀寫能力是二十一世紀知識社會的共同貨幣，它決定了國家的競爭力。透過閱讀可以增加孩子的學習能力、讓孩子更認識自己，並學會思考、嘗試與探索，擁有讀寫能力將可快速吸取訊息，能立刻去蕪存菁、組織新舊觀念，以解決生活中的問題。因此，重視閱讀以提升其基本素養（literacy），已成為二十一世紀的重要教育趨勢。

觀諸與語文素養相關的大型國際評量，如：國際學生能力評量計畫（the Program for International Student Assessment, 簡稱 PISA）、國際閱讀素養研究（Progress in International Reading Literacy Study, 簡稱 PIRLS），更是近年來各國用以評量教育成效、國際競爭力指標之一。順此，臺灣自 2007 年開始，由教育部、各縣市教育局處與許多專家學者合作，啟動一系列閱讀推動計畫。臺灣學生在 PIRLS 的全球排名由 2007 年的第 22 名，進步到 2011 年的第 9 名，這也反映出，積極鼓勵學生閱讀、推動閱讀理解教學、社會普遍提升對閱讀之重視，並積極投入閱讀教育，在提升學生閱讀素養方面確有成效。但，PIRLS 2011 研究報告同時指出，臺灣學生的閱讀動機排名第 42 名，在閱讀

能力的自我評價部分（信心），排名第 43 名，換言之，臺灣學生閱讀成績進步了，但動機和信心都很差，這對閱讀教育而言，是嚴重的警訊。大量的閱讀，固然值得肯定，但是，讀得多不等於讀得懂，閱讀需要「理解」，才能在繁複的訊息環境中，統整訊息、評析訊息，方能藉以處理相關問題。

數位時代的教學變革

　　瞬息萬變的知識環境、數位時代下的資訊爆炸，社會快速變遷，日新月異的數位科技改變了人類的日常生活，當然，也影響了教學與學習的方式與型態。我們可以看到，科技，以超乎想像的速度和方式，改變了孩子的學習方式與內容，傳統的教學方式也在這時代趨勢下，產生一波波的變革。因此，結合教育科技創新教學，以提升教學成效，將是不可避免的浪潮。

　　臺灣自 1997 年「資訊教育基礎建設計畫」、2001 年「資訊教育總藍圖」等連年資訊教育計畫，乃至近年的 2008 年「中小學資訊教育白皮書」、2009 年「建置中小學優質化均等數位教育環境計畫」，均積極建置學校的數位學習環境。以臺北市為例，自 1999 年起推動資訊教育，以「校校有網路、班班有電腦、資訊送到家」為目標；2001 年，優良的資訊教學環境建置完成後，就在中小學大力推動資訊融入教育，

發展迄今，各校資訊設備日臻完備，班班有電腦、單槍投影機，同時，
教師的資訊素養亦大幅提升。韓國亦早在十多年前就開始推動數位化
教育，在其大力推動下，2010 年韓國的通訊發展指數世界第一，連韓
國的數位閱讀能力也是第一 ❶。新加坡、香港和美國也已開啟用科技
翻新教育的行動，中國亦在 2011 年開始進行 10 年的數字（臺灣以「數
位」稱之）教育計畫。由此可知，許多國家都在努力將資訊科技作為
改進現今教育、促進未來教育的利器。

　　依據人本主義心理學家的觀點，學習是內發的，教師的責任不只
是教學生知識，更重要的是為學生設置良好的學習環境，讓學生自己
願意投入學習 ❷。數位學習環境日益完備，將使教學和學習更為便利、
更有效率。以閱讀教學為例，閱讀課對許多學生而言，向來被認為是
較枯燥（靜靜的讀）、缺乏成就感（不知道自己讀懂多少），教師若
能善用教學科技，必能開展不同的教學視野，提升學習興趣與成效。

閱讀，真的悅讀嗎？

　　若您是一位教學現場教師，或許也會有這樣的感觸：在國語文教
學進行文本內容深究時，當學生覺得困難時，大多數選擇放棄嘗試思
考解題，而僅是等待聽取其他同學的答案；有時，甚至全班鴉雀無聲，

---

❶ 鄧元凱（2013）。智慧教育革命 為下一代找路。天下，**537**，182-183。
❷ 張春興（2002）。**教育心理學**。臺北市：東華。

只等著老師說明答案。同樣的情況，也發生在社會課的課文重點摘要討論中，學生難以正確提取重點，進行摘要。同時，學生的學習動機與年級成反比，愈高年級的學生，愈不熱中於學習，尤其在語文課方面，上課時，學生普遍較不專心，缺乏興趣……

　　以學生為中心的教學設計取向而言，一個有效的教學必須能引起學生興趣，並包含富挑戰性的活動，才能達成有意義的學習。當學生聽不懂、學不好、考不好，因而產生「習得無助感」後，將無可避免地出現較低的學習動機和信心。因此，建立有效閱讀教學模式——兼顧課堂上不同程度的學生、引發學生的學習動機、達成學習目標，才能發展出「read to learn」所需的閱讀素養，這應該是 2011 PIRLS 及 2013 PISA 兩項國際閱讀評比亮眼成績下，更值得關注的閱讀教學核心。

用科技學合作，讓閱讀更 SMART

　　數位時代的另一個現象是，人人低頭「滑」，生活大小事幾乎都可以指間一滑來解決，於是數位工具降低人際互動機會亦成為隱憂。然而，當我們關注於水可「覆舟」，是否可從正向的「載舟」來思考呢？亦即，數位工具能否促進合作學習呢？

　　閱讀，看似非常個人的一件事，但，對仍在學習怎麼讀（learn to

read）的孩子而言，有些文本內容是不易理解的。這時，可以討論的夥伴，其存在就顯得重要了；而當資源不足，必須共用時，也不得不嘗試溝通，找出共同使用的模式。因此，適當調配數位工具，加上教師有層次的提問、用心規畫合作模式，在課堂中，學生為了解決問題，自然而然會進行討論、溝通，也在過程中，不斷刺激反思修正，並體悟合作的重要。在長期練習下，學生習得的將是二十一世紀的關鍵能力——創造性、批判性思維、溝通和協作能力。

　　對這些滑世代孩子而言，在充斥數位工具的環境中成長，耳濡目染，操作數位工具似乎也成家常便飯；而透過數位工具從事學習或娛樂活動時，他們是專注的，眼神是會發光的！再想想，年幼的孩子都愛聽故事，也都有翻閱圖書的好奇，當時他們看到書籍的眼神，也是閃耀光芒的……。長久以來，教學法不斷修正、發展，出發點皆是為了提升學生學習興趣，以增加學習成效；而教學中，善用教具（教學輔具），也是提升教學效能的方法之一。那麼，就讓數位科技，成為進化的教具！強大的數位科技，除了可提供學生包羅萬象、唾手可得的知識，教師更能在掌握學生特質和學習目標後，設計打造適合的學習課堂，創造師生、同儕間的互動，提供機動調整的學習處方，引領學生善用工具、有效學習，讓學生享受閱讀，也學會閱讀。透過教育科技輔助，讓閱讀更 SMART ！

智慧閱讀的內涵

本書所指之「智慧閱讀」是指將教育科技應用於閱讀教學之中，乃具前瞻性、實踐性的教學模式之一，更符應前述現代教育的需求。以下就智慧閱讀的發展背景，及智慧閱讀的涵義，分別加以說明。

智慧閱讀發展背景

「智慧」一詞，依教育部國語小字典第二版之釋義：「智」者，謀略是也；「慧」者，領悟之意。「智慧」乃指以「謀略」與「領悟」適切理解和合宜應對世間萬物的方法與態度。於教育領域思考之，顯然也是學校教育的重要目標之一：以「智慧」的方法與態度解決生活中所遇到的問題（此亦是素養一詞的相關概念）。若將「智慧」整合於「閱讀」之概念，也就是「智慧閱讀」，則是指「以理性的策略學習閱讀的方法，亦透過感性的語言文字理解領悟事物間的關係」。

近年來，隨著閱讀理解議題受到重視，教育界對於閱讀教學的核心價值，也有了新的體悟：閱讀教學必須培養學生閱讀素養。根據 PIRLS 2006 的定義，閱讀理解能力是指學生能夠從各類不同的文本中理解、建構其意義，從而透過閱讀學習、參與社會活動，並獲得閱讀樂趣。再者，回顧十二年國民基本教育總綱對於核心素養的定義，任何教學活動都必須有助於學生的全人發展，以適應未來生活。

同的學科領域，學生彼此協助，以提高個人的學習效果並達成團體目標。根據吳清山和林天佑 ❻ 的解釋，合作學習是透過學生以小組形式，經由成員之間不斷交換意見、互相支持下，所有成員共同朝向小組的學習目標邁進，達成學習目標的一種學習方式。綜言之，合作學習是一種教學型態，是指兩位以上的學習者，透過彼此的互動互助及責任分擔，完成共同的學習任務，或達成共同的學習目標。

（二）合作學習的原則

在知識、科技發展變化日益快速的今日，世界各國更加重視培養學生多元能力，因此紛紛提出 21 世紀關鍵能力指標，其中終身學習、有效溝通、創造思考、問題解決、團隊合作等更是受到關注 ❼。因此，現代合作學習的基本要素為學習歷程中積極互賴的團體互動，為了達成學習任務，成員間必須溝通、互助，教師除了提供促使每位學生都能獲得成功的學習機會，同時應激發學生主動協助他人的動機，如此方能建構正向的學習氛圍，從而培養出學生 21 世紀的關鍵能力。

團隊合作學習，是透過將班級分為多個團隊（小組）的課堂型態，讓學生在社會化的情境中，以整組討論、腦力激盪、集思廣益、共同解決難題等合作方式學習，並解決具挑戰性的學習任務。課堂中，教

---

❻ 吳清山、林天佑（2003）。**教育小辭書**。臺北市：五南。
❼ Framework for 21st Century Skills（2015）. P21, The Partnership for 21st Century Learning. Retrieved from http://www.p21.org/about-us/p21-framework ,2015-08-15.

師是學習的引導者，協助每一個學生投入、參與，發揮合作學習的最大效益。

　　為有效實踐十二年國民基本教育的理念與目標，臺灣教育當局積極推動多項活化教學策略，且都以「分組合作學習」為基礎，將長期以來教師單向講述、學生被動聽講的傳統教學型態，轉變成「以學生為中心」的教學模式。特別必須注意的是，合作學習並不是單一的教學策略，而是一個統稱，包含了許多不同的型態，但皆以「小組成員合作達成學習任務」為主要架構。教學中應依教學目標與教材性質選用多元而適配的策略，避免在同一學科中僅重複使用同一種教學策略，才不會造成學習僵化❽。

三、教育科技

　　進入科技蓬勃發展的數位時代，科技也為教育帶來了新的可能、打造學習的不同樣貌。智慧教室的建置是智慧教育發展的基礎；透過發展有效能的科技創新教學模式，可以豐富學生的核心學習內容、引導學生學習。

（一）智慧教育的內涵

　　隨著教育科技的不斷創新，智慧教育目前仍在發展之中，無論是

---

❽ 王金國、張新仁（2006）。小學六年級教師實施國語科合作學習之研究。載於黃政傑（主編），**合作學習發展與實踐**。臺北市：五南。

早期的多媒體運用，或是今日的網路、雲端之應用，學校教室內的教學已逐漸擺脫傳統的粉筆、黑板。學生的學習，因為行動設備，而打破傳統教室空間的限制，透過各種數位科技輔助工具打造了無所不在的學習可能。然而，智慧的工具、智慧的環境，仍須有智慧的教師引領，才能整合並發揮教育科技的最大功能，創造教育的無限可能。

簡言之，智慧教育的核心概念是以學生為中心，運用教育科技輔具，進行更靈活、有效的新教育型態。

（二）智慧教學模式

隨著科技進步神速，硬體設備和無線網路通訊成本日益低廉，新一代的學習模式正醞釀發展中，在國際數位學習發展趨勢變化下，學校建築與校園規劃也必然走向科技化、資訊化、效率化 ❾。科技進入教室，除了帶來學習環境外觀的變化，更重要的是促動學習模式的改變，因之，應用科技的教學模式也日益受到關注。以臺灣在數位學習的發展來看，亦是由注重影音播放設備的多媒體應用，逐漸轉為強調資訊融入教學，提煉科技創新的智慧教學模式。

教學模式（teaching model）是指對整個學習環境的描述，包含在這個模式中的教師行為。而教育科技的蓬勃發展，滋養了教學模式的

---

❾ 張亞珍、張寶輝、韓雲霞（2014）。國內外智慧教室研究評論及展望。**開放教育研究**，20（1），81-91。

豐富、多樣性，強大的教育科技輔具，豐富了教師端的軟、硬體，引領了「教」的改變；學生端也因使用學習載具，引領了「學」的改變。在教育科技工具的支援下，教師必須透過反思、探究、合作、分享提升應用教育科技的專業，方能成為智慧教師；而一位成功的智慧教師，也必須具備提煉教學模式的能力，才能打造更高效的智慧課堂。

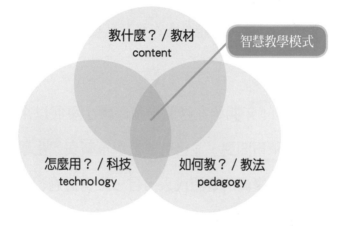

圖 7-3　智慧教學模式建構原則

　　提煉智慧教學模式應兼顧教材、教法與科技知識，建構模式之主要思路如圖 7-3。而發展過程中，應將重心放在教學而非科技，在此思維下，各領域教師皆可提煉出符合學科特性的智慧教學模式。

實踐智慧閱讀之現況評估

進入網路化階段，在教室中，教師可以方便地使用網路資源組織教學活動，學生可以隨時點選網路上的課件進行自主學習；此一部分，受限於無線網路建置完善度及行動載具購置經費有限，目前國中小校園尚未達成全面網路化學習的理想，城鄉差距尤其明顯。也因此，智慧閱讀在實施前，仍須審慎評估，除了教師進行閱讀理解問思教學之專業能力外，教育科技軟、硬體設置亦是評估要項。

一、智慧閱讀發展趨勢

智慧閱讀自 2011 年開始在臺北市南港國小發展以來，陸續在兩岸許多地區及學校積極開展，並已有了教學革新與學生學習的成果。近兩年在中國大陸及臺灣的實證成果而言，證實透過智慧閱讀教學，學生在閱讀理解表現或閱讀理解態度皆有明顯進步，亦說明經過嚴謹提煉、建構、修正出的智慧閱讀教學模式，確實是可複製、實踐的教育科技創新教學模式。

二、網路基礎環境

透過暢通、穩定的網路可使智慧閱讀教學更便利，以臺北市為例，各校皆已建置校園無線網路，但仍有頻寬不足、覆蓋率不夠廣等問題，這都會造成智慧閱讀教學時的干擾，因此，在實施前，必須事先掌握

網路的穩定度。除了透過學校整體網路環境的改善外，另外在教室加設一臺無線網路分享器，也是可行的解決方案。

　　在智慧閱讀教學中，透過網路可立即傳送訊息、傳送頁面、搜集大量回應資料、進行即時學習診斷等，因此，提升網路基礎建設，方能利於導入科技於教學應用。

三、教育科技資源

　　智慧閱讀教學中，若能具備愈充足的教育科技輔具，教學設計靈活度及教學效能必然愈提高。其中，常使用的教育科技設備有：教師端及學生端的操作軟體、單槍投影機、互動式電子白板、教學提示機、教師電腦、小組平板電腦、IRS 即時回饋系統（含反饋器）、雲端補救學習平臺等。以智慧閱讀為例，IRS 可即時看見學生的理解狀況，教師可透過互動式電子白板或小組平板電腦，為學生「不理解」或「半理解」的狀況，實施補救、強化或差異化的教學，達成閱讀教學「一個都不能少」的最高效益。

　　除了上述教育科技相關資源的完備，進行智慧閱讀，仍須落實教學基本功，無論是文本分析、提問設計、教學規劃準備或教育科技工具操作，教學者都應具備足夠的專業能力，並主動參與增能培訓。

Chapter

8

建構：智慧閱讀教學模式

智慧閱讀教學模式

　　智慧閱讀教學模式的主要內涵（如圖 8-1），是以閱讀理解問思教學為主軸，在合作學習之共學機制下，透過智慧教室之教育科技工具的輔助，建構完整的閱讀理解教學模式。以智慧閱讀教學模式進行國語單元中文本理解（即內容深究、形式深究）教學，或是運用於一般閱讀課教學，皆有助於提升教師閱讀理解教學成效及學生閱讀理解表現。

　　在此模式之下，進行教學方案設計時，就必須兼顧閱讀理解問思教學、團隊合作學習及教育科技工具應用，以發揮智慧閱讀教學的最大效果。

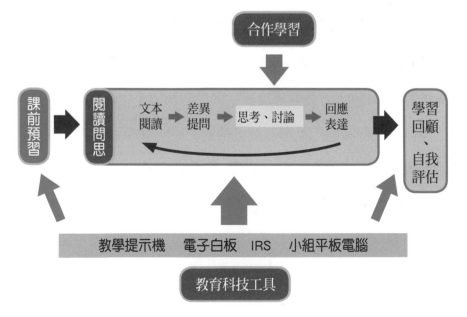

圖 8-1　智慧閱讀教學模式

智慧閱讀教學方案設計

　　智慧閱讀教學植基於閱讀理解問思教學，在加入現代教育科技輔具後，不僅改變課堂教學的風貌與效能，也必然對教學規劃帶來一些改變。

　　教學技術的成熟需要許多實踐經驗的累積，智慧閱讀教學模式的建構亦同。智慧閱讀教學乃以「閱讀理解問思教學」為基本模式，依不同層次的提問內容，配合多元的小組合作學習方式，運用多樣的教育科技工具，引導學生專注於課堂活動之中，不僅增加學生的學習興趣，也提高了學習成效。

　　處於這個互聯網時代，教師的教學也必須符應這個時代強調「速度」、「連結」、「跨界」的特性，並巧妙運用數位工具整合、分析、儲存的功能，用科技來豐富閱讀學習內容，使學生都能成為一位高效的閱讀者（Reader），甚而成為智慧學習的領袖（Leader）。

　　閱讀是一個動態的歷程，閱讀教學更是一個複雜的互動歷程。我們已經認識了智慧閱讀模式，接著，我們必須進一步建構出智慧閱讀教學方案設計的流程思路。

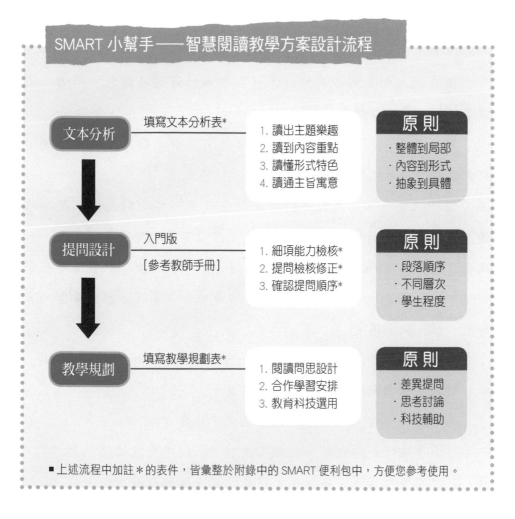

SMART 小幫手——智慧閱讀教學方案設計流程

文本分析　填寫文本分析表*
1. 讀出主題樂趣
2. 讀到內容重點
3. 讀懂形式特色
4. 讀通主旨寓意

原 則
・整體到局部
・內容到形式
・抽象到具體

提問設計　入門版
[參考教師手冊]
1. 細項能力檢核*
2. 提問檢核修正*
3. 確認提問順序*

原 則
・段落順序
・不同層次
・學生程度

教學規劃　填寫教學規劃表*
1. 閱讀問思設計
2. 合作學習安排
3. 教育科技選用

原 則
・差異提問
・思考討論
・科技輔助

■上述流程中加註＊的表件，皆彙整於附錄中的 SMART 便利包中，方便您參考使用。

接下來，我們就以翰林版國小四年級上學期國語教科書單元〈松鼠先生的麵包〉為例，說明智慧閱讀教學方案設計原則。

課文範例 松鼠先生的麵包◎林哲璋

住在麵包樹上的松鼠先生，一直想做出好吃的麵包。不過，他試了又試，每次都烤焦。

朋友們看他那麼認真，都跑來幫忙：貓小姐教他用桿子揉麵，狗先生教他甩尾巴搧火……

但一次又一次的失敗，打擊著松鼠先生。揉壞的麵團、焦掉的麵包，堆得跟大樹一樣高。松鼠先生從信心滿滿，變得垂頭喪氣——就在這時候，第一批沒烤焦的麵包出爐了！松鼠先生高興得滿樹爬上爬下，感動得淚如雨下。等到他好不容易冷靜下來，才想到要嘗一嘗麵包，試一試味道。

「太好吃啦！」松鼠先生眼睛一亮：「鹹鹹甜甜，味道剛好！」

他趕緊邀請動物們試吃品嘗，只是……

「好……好像太甜了！」貓小姐喝了好幾口水。

「只有甜味的麵包，一點都不特別。」狗先生搖搖頭。

「怎麼會這樣！」松鼠先生親自拿起一個麵包咬下……

「真的只有甜味而已！」松鼠先生覺得奇怪，他想了一下，立刻明白了：「少……少了眼淚的鹹味！」

松鼠先生第一口吃到的，其實是沾了眼淚的麵包。於是他趕緊依照眼淚的鹹度，增加調味，重新烤了一批麵包，果然受到大家的讚賞。

「還是第一口成功麵包的滋味最棒！」松鼠先生有感而發的說：「原來成功是一種美妙的滋味，而失敗是一種必要的調味！」

教學設計第一步——文本分析

教學需要透過深入的文本分析，才能有深刻的教學思考，因此，進行智慧閱讀教學設計的第一步，同樣是準備好教學文本（最好是只有文字的單純文本，而不是已加入他人見解的教學參考用書），以一位閱讀者的角度，細細品味文字內容，或圈畫、或批註，記錄下自己在閱讀中發現了什麼重點、品味出了什麼心得……

當然，作為一位有經驗的教學者，接下來就要將閱讀中嚼出的滋味，提煉轉化為教學重點，才能為閱讀課堂帶來一場豐盛的饗宴。

圖 8-2　文本分析三步驟

我們進行文本分析時，通常會先判別文本的文類❶或表述方式（敘述、描寫、抒情、說明、議論等），再依據不同文類及表述方式的特性進行三步驟分析（如圖 8-2），並完成文本分析表。

---

❶ 依 PIRLS 國際閱讀評量的分類，將連續性文本簡單分為故事體和說明文二類。

一、主題細節

　　首先，我們要分析出文本的主題（題材範圍），建立對全文的整體理解；接著梳理出全文的細節，掌握篇章的核心內容（寫什麼）。

（一）讀出主題樂趣

　　拿到文本，第一件事就是放輕鬆，準備好隨著文字去享受。一開始，先將全文讀過一遍，經由這樣的整體閱讀，發現文章的主題、閱讀的樂趣。

📖 我這樣做

· 先瀏覽一次文本，然後思考〈松鼠先生的麵包〉的主要內容和帶給自己的感受。

自問自答

Q：這篇故事的內容主要在說什麼呢？

A：松鼠先生想要成功做出好吃的麵包。

Q：這篇故事有趣的地方是什麼呢？

A：狗先生教松鼠先生甩尾巴煽火。沾了眼淚的麵包，滋味竟然是最好的。

（二）讀到內容重點

接著，再仔細一些，找出文中的「關鍵語句」，透過掌握文本中的關鍵語詞、專門知識，梳理出文本的重點，幫助自己知道這篇文章主要在說什麼，以利後續的提問設計。

📖 我這樣做

・圈畫出〈松鼠先生的麵包〉中的關鍵語句，必要的話，就再讀一次文本。

自問自答

Q：敘事的故事文本，要注意哪些關鍵？

A：什麼人？發生什麼事？有什麼反應？做了哪些行動？結果如何？

Q：這篇故事如何劃分意義段？段意為何？

A：一、背景——

（自然段1）松鼠先生想要做出好吃的麵包，卻一直失敗。

二、經過——

事件1（自然段2）：朋友都來幫忙，但還是不成功。

事件2（自然段3～8）：經過不斷嘗試，終於做出沒有烤焦的麵包，但是大家都說太甜。

事件3（自然段9）：松鼠先生重新思考製作方法，想到少了眼淚的鹹味。

三、結果——

　　（自然段 10）調整鹹度後的麵包，果然受到大家讚賞。

四、感想——

　　（自然段 11）經歷過失敗，更能體會成功的甜美滋味。

Q：這篇故事有哪些關鍵語句？

A：・松鼠先生一直想做出好吃的麵包。

　　・他試了又試，每次都烤焦。

　　・朋友們看他那麼認真，都跑來幫忙。

　　・揉壞的麵團、焦掉的麵包，堆得跟大樹一樣高。

　　・松鼠先生從信心滿滿，變得垂頭喪氣。

　　・就在這時候，第一批沒烤焦的麵包出爐了！

　　・松鼠先生高興得滿樹爬上爬下，感動得淚如雨下。

　　・「只有甜味的麵包，一點都不特別。」

　　・「怎麼會這樣！」……，他想了一下，立刻明白了……

　　・沾了眼淚的麵包

　　・「原來成功是一種美妙的滋味，而失敗是一種必要的調味！」

二、形式特色

　　了解文本的主題細節後，我們必須轉換為寫作者的思維，再次閱讀文本，分析出組織結構、寫作手法，幫助自己掌握這篇文章是如何寫出來的。這當然也是語文教學中極重要的一環，不僅以作者的觀點去理解文章，也能藉此學習如何有效運用寫作技巧表述自己的想法。

📖 我這樣做

• 再讀一次文本，辨析作者運用哪些寫作方法寫出〈松鼠先生的麵包〉。

自問自答

Q：這篇文本的結構特色為何？

A：順序結構，以松鼠先生做麵包的背景、經過、結果及感想組織全文。

Q：寫作上使用了哪些特殊技巧？

A：1. 誇飾：以「揉壞的麵團、焦掉的麵包，堆得跟大樹一樣高。」，
　　　　誇張地表現出不斷失敗的沉重打擊。

　　2. 映襯：誇張地描述一連串的失敗，對照一開始的信心滿滿，更
　　　　凸顯了主角遭受到的打擊與灰心，最後，筆鋒一轉，終
　　　　於成功時，更令讀者感受到主角的欣喜若狂。

　　3. 感嘆：文中出現許多驚嘆號，藉由感嘆傳達人物的強烈情感。

4. 對話：借助對話內容，幫助讀者想像人物的說話語氣、表情神
　　態，跟隨著故事情節的轉變，感受到情緒的高低起伏。

Q：這篇文本中，有沒有出現比較特別的標點符號？有何效果？

A：刪節號：

1. 表示語句未完、意思未盡，如：「貓小姐教他用桿子揉麵，狗
　 先生教他用尾巴煽火……」。

2. 表示語句斷斷續續，如：「好……好像太甜了！」

Q：這篇文本有沒有特別的語詞、句型？

A：出現許多描述情緒的語詞，生動刻畫出主角形象；句型上，則出
　 現許多轉折複句，營造情節變化。

三、主旨寓意

　　掌握了主題細節、形式特色後，必須進一步探究作者的寫作想法，
就是透過文章，了解作者想要表達的觀點、目的或寓含的道理，也就
是文本的核心意旨。

📖我這樣做

‧再讀一次文本，思考作者透過〈松鼠先生的麵包〉想要告訴讀者什麼？

自問自答

Q：作者要表達的主要觀點為何？

A：成功要付出許多努力，同時，大多會經歷失敗。

Q：文中寓含了什麼樣的道理？

A：1. 失敗為成功之母。

　　2. 成功有時需要朋友協助，有時需要機運，都需要把握。

　　3. 在失敗中，往往能找到成功的關鍵；經歷失敗，更能體會成功
　　　的可貴。

SMART 小幫手──文本分析放手做

　　閱讀，很簡單。但，閱讀理解，可非易事！同樣的道理，帶著學生閱讀不難，但，要教導學生達成閱讀理解，得下些工夫才行。為了掌握每篇文本的教學重點，就必須進行確實的文本分析。

　　對於還不熟悉文本分析的初學者，可能需要多讀幾遍，

才能掌握重點，因此，建議第一次閱讀時，就只是專注的讀；第二次閱讀，則可拿起筆，適時的圈畫出關鍵詞、句……。如此反覆閱讀，直到完成對文本的掌握。在圈畫時，毋須擔憂自己標註的重點是否正確，因為，在後續的閱讀中，我們仍可修正看法。長期進行文本分析的練習後，可能會發現，自己不再需要進行多次閱讀，就能掌握文本重點了，那麼，當然也就不需要拘泥於文本分析該進行幾次閱讀囉！

　　只要大膽邁出文本分析的第一步，掌握文本分析基本原則❷，時常操作，人人都可以成為文本分析熟手。

教學設計第二步——提問設計

　　大多數的教學者都知道，在課堂中，要提出一個能促發學生學習的好問題，其實不是件容易的事；然而，問出好問題，在教學中，卻是非常重要的一件事。透過不同層次的好問題，才能引領學生串聯起對文本全貌的理解。

　　良好的提問，當然是緊扣文本分析的。透過文本分析梳理出的教學重點，依據 PIRLS 閱讀理解細項能力（表 8-1），對文本內容進行

---

❷ 文本分析原則為：由整體到局部、由內容到形式、由抽象到具體。若需進一步了解，可參閱許育健（2015）。**高效閱讀：閱讀理解問思教學**。臺北市：幼獅文化。

表 8-1　PIRLS 閱讀理解細項理解能力

節次	細項理解能力
提取訊息	1-1 找出與特定目標有關的訊息 1-2 找出特定的想法、論點 1-3 重要字詞或句子的定義 1-4 指出故事的關鍵場景或行動 1-5 找出文章中明確陳述的主題句或主要觀點
推論訊息	2-1 推論出某事件所導致的另一事件 2-2 在一串的論點或一段文字之後，歸納出重點 2-3 找出代名詞與主詞的關係 2-4 描述人物間的關係 2-5 進行文章主要內容的排序
詮釋整合	3-1 歸納全文主要訊息或主題 3-2 詮釋文中人物可能的特質，並以行為與做法佐證 3-3 比較及對照文章跨段落的訊息 3-4 推測故事中的語氣或情境氣氛 3-5 詮釋文中訊息在真實世界中的應用
比較評估	4-1 評估文章所描述事件，確實發生的可能性 4-2 描述作者如何安排讓人出乎意料的結局 4-3 評斷文章的完整性或闡明、澄清文中的訊息 4-4 找出作者論述的立場與目的 4-5 指出作者的寫作手法與技巧

多元視角的精問，並適時提供學生鷹架，引導學生思考解答，才能讓學生從中覺察提問的意義，學會閱讀理解的思考步驟或方法。

當然，如果覺得判斷對應的細項能力太困難，也可以僅就閱讀理解層次進行檢核。但是，請試著挑戰一下以細項能力檢核同一文體、不同文本的提問設計，尤其是自己設計的問題，可能會發現一個有意思的現象，就是自己設計的同一層次的問題，時常集中在某幾個細項能力上，例如，故事體中「提取訊息」層次的提問，可能都集中在「找

出與特定目標有關的訊息」，其他四個細項能力則較少出現，甚或從未出現，雖然，這和每一篇文本的特性有關，但更有可能的是，提問設計者本身落入一定的命題習慣卻未察覺，於是在經過長期閱讀教學後，學生可能精熟了特定細項能力，卻偏廢了其他細項能力的學習。

在著手進行提問設計前，我們必須再次提醒自己，提問的目的是透過問好問題，引導讀者（學生）與文本互動，在不斷回顧文本內容、回答問題的歷程中，達成閱讀理解。因此，無論是哪一類的文本，在提問設計上只要把握基本原則，就能幫助讀者（學生）產生有效的思考。以下將先說明提問設計原則，接著以提問設計入門新手的角度，依提問設計步驟，進行實作演示。

一、提問設計原則

（一）依據段落順序

一般而言，提問設計會依據文本分析的重點，以段落的排列順序，分段依序提問；接著問整體性的問題；最後才問寫作目的或手法。

（二）兼顧不同層次

為了培養學生成為具備良好閱讀理解能力的優讀者，教學中應提供不同層次的提問訓練，也藉此評析學生在閱讀時對文本的理解程度。

（三）配合學生程度

　　提問既是為了增進學生對文本的理解，那麼更應配合學生學習發展歷程，安排提問的閱讀理解層次分布、題幹用語及題型設計，並適時給予答題鷹架。一般而言，年級愈低，「直接理解歷程」的提問比重會較高。

SMART 小幫手──關於提問層次分布

　　提問設計雖應兼顧不同層次的分布，但並非一定要平均分配各層次提問數，仍應回歸文本分析的結果，依據文本類型、特性、學生能力……等因素，靈活調整各層次的提問，切勿刻意為滿足提問層次而問問題。較簡易的作法是，依據PIRLS閱讀理解歷程分為「直接理解歷程」和「詮釋理解歷程」兩部分，提問設計盡可能兼顧兩個歷程的分布即可。

PIRLS 閱讀理解細項理解能力

直接理解歷程	詮釋理解歷程
・提取訊息 ・推論訊息	・詮釋整合 ・比較評估

二、提問設計步驟

　　一般而言，教師在備課、進行提問設計時，通常習慣參考教師手冊中的規劃建議。當然，我們仍鼓勵教師在不看教師手冊的前提下，進行文本分析及提問設計，唯有如此，才能設計出最符合任教班級學生學習需求的提問，增加學習成效。但，為了讓一般教師能跨出第一步，我們也試著以入門新手的角度，參考教師手冊上的提問，並進一步檢核、調整（留、修、刪、增），最後，確認提問順序（如圖 8-3）。透過這樣的歷程，確保教學提問的適切性。

圖 8-3　提問設計步驟

（一）細項能力檢核

　　首先，我們必須列出教師手冊上之提問，對照細項理解能力進行檢核，以確認問題所對應的提問層次分布。

📖 我這樣做

・ 先列出教師手冊中〈松鼠先生的麵包〉一課的提問，並填入檢核表中對應位置。

層次	細項理解能力	提問設計檢核
提取訊息	1-1 找出與特定目標有關的訊息	Q1：松鼠先生有什麼願望？
	1-2 找出特定的想法、論點	
	1-3 重要字詞或句子的定義	
	1-4 指出故事的關鍵場景或行動	
	1-5 找出文章中明確陳述的主題句或主要觀點	
推論訊息	2-1 推論出某事件所導致的另一事件	Q2：從課文的哪些敘述，可以知道松鼠先生在成功前，歷經了多次的失敗？
	2-2 在一串的論點或一段文字之後，歸納出重點	Q5：「成功是一種美妙的滋味，而失敗是一種必要的調味」，請根據課文內容說明這句話的意思。
	2-3 找出代名詞與主詞的關係	
	2-4 描述人物間的關係	
	2-5 進行文章主要內容的排序	
詮釋整合	3-1 歸納全文主要訊息或主題	
	3-2 詮釋文中人物可能的特質，並以行為與做法佐證	Q4：根據課文內容，松鼠先生的成功，需要哪些條件？
	3-3 比較及對照文章跨段落的訊息	Q3：松鼠先生從開始嘗試到最後成功做出美味的麵包，歷經哪些階段？他在各階段的心情又是如何？
	3-4 推測故事中的語氣或情境氣氛	
	3-5 詮釋文中訊息在真實世界中的應用	

比較評估	4-1 評估文章所描述事件，確實發生的可能性	
	4-2 描述作者如何安排讓人出乎意料的結局	
	4-3 評斷文章的完整性或闡明、澄清文中的訊息	
	4-4 找出作者論述的立場與目的	Q6：你覺得這個故事要告訴我們什麼道理？
	4-5 指出作者的寫作手法與技巧	

（二）提問檢核修正〔留、修、刪、增〕

在確認教師手冊上提問層次分布後，應依據文本分析所確認的教學重點，並以提問設計原則進行問題的檢核，決定提問是否保留，或需要修改，甚或刪除。最後，為了達成深入的理解，也可能需要增加提問。而刪修的檢核標準，近似於一般評量命題的審題標準，如表8-2。

表 8-2   提問刪修檢核標準

檢核結果	檢核標準
刪除	□脫離文本內容 □非主題重點 □無學習價值 □無須閱讀即可回答 □零碎不重要的內容 □其他
修改	□題幹敘述不夠清楚 □題目含艱難字詞 □選項設計不夠清楚 □部分選項不具誘答力 □其他

📖 我這樣做

- 將〈松鼠先生的麵包〉一課的提問註明細項能力後，依序填入提問
設計檢核修正表，再依據檢核標準，決定〔留、修、刪、增〕，並
填寫說明。以下〔留、修、刪、增〕各舉一例。

教師手冊原提問 （對應細項能力）	檢核結果	調整修正	說明
松鼠先生有什麼願望？ （1-1）	□保留 □修改 ■刪除		太過容易
根據課文內容，松鼠先生的成功，需要哪些條件？（3-2）	□保留 ■修改如右 □刪除	由松鼠先生的成功經驗，你認為成功最需要的條件是什麼？請寫出兩項。（3-5）	調整為「延伸學習」階段的練習題目，將課文內容連結回個人生活。
「成功是一種美妙的滋味，而失敗是一種必要的調味」，請根據課文內容說明這句話的意思。（2-2）	■保留 □修改 □刪除		
	＊增加	本課中的刪節號有什麼作用？（4-5）	本課出現多次刪節號，且有不同作用，應引導學生認識其寫作應用。

（三）確認提問設計

　　完成提問設計的檢核修正後，我們必須依提問程序原則，調整提問順序，才能方便學生綜觀全文，理解文章內涵。

📖 我這樣做

- 依據〈松鼠先生的麵包〉一課的提問設計檢核修正表，將選用的題目適當調整排序。

題號	題目	對應細項能力
Q1	「揉壞的麵團、焦掉的麵包，堆得跟大樹一樣高。」真的是要說明失敗品堆積的高度跟大樹一樣高嗎？這樣誇張的寫法，主要想表達什麼事情？	3-4 推測故事中的語氣或情境氣氛
Q2	文中怎麼形容松鼠先生在第一批沒有烤焦的麵包出爐時的興奮反應？	1-4 指出故事的關鍵場景或行動
Q3	在本課當中，松鼠先生做麵包依序經歷不同的努力階段，在不同階段中，他的情緒分別有什麼變化？請由課文中找出支持你想法的證據。	3-3 比較及對照文章跨段落的訊息
Q4	作者為什麼要安排沾了眼淚的麵包作為松鼠先生烤出成功麵包的關鍵，你認為他的主要用意是什麼？	4-4 找出作者論述的立場與目的
Q5	「成功是一種美妙的滋味，而失敗是一種必要的調味」，請根據課文內容說明這句話的意思。	2-2 在一串的論點或一段文字之後，歸納出重點
Q6	本課中的刪節號有什麼作用？	4-5 指出作者的寫作手法與技巧
延伸	由松鼠先生的成功經驗，你認為成功最需要的條件是什麼？請寫出兩項。	3-5 詮釋文中訊息在真實世界中的應用

SMART 小幫手——關於提問層次分佈

　　若您已熟悉提問設計要領，或是選用教科書外的文本作為閱讀教材，則在提問設計步驟上，就會有所調整，但，提問程序原則並不會因此不同。建議教學者能練習自行設計提問，這不僅有助於個人對教學重點的掌握，也有助於評量命題能力的提升。不妨參考坊間出版的《問好問題》❸、《有效提問》❹、《高效閱讀——閱讀理解問思教學》❺等相關書籍，其中對於如何自行設計提問，有詳盡的說明。

教學設計第三步—— SMART 教學規劃

　　文本分析是教學的基礎，提問設計是教學的靈魂，而教學規劃卻是能否提高教學效能的關鍵。教學者必須掌握教學目標與學生先備能力，在「學生中心、多元理解、自主學習、合作學習、教育科技」的SMART 特性下，彈性調整教學規劃。

　　在前一章說明了智慧閱讀教學流程，因此，在智慧閱讀教學規劃中，將以「預習準備、閱讀問思、綜合評估」三階段進行設計（如圖

---

❸ 陳欣希、柯雅卿、周育如、陳明蕾、游雅婷（2011）。**問好問題**。臺北市：天衛文化。
❹ 陳欣希、許育健、林意雪（2014）。**有效提問**。臺北市：親子天下。
❺ 許育健（2015）。**高效閱讀：閱讀理解問思教學**。臺北市：幼獅文化。

8-4），每一階段中的教學活動都必須考慮三部分——「問思設計、合作學習、教育科技」，分別依序完成。

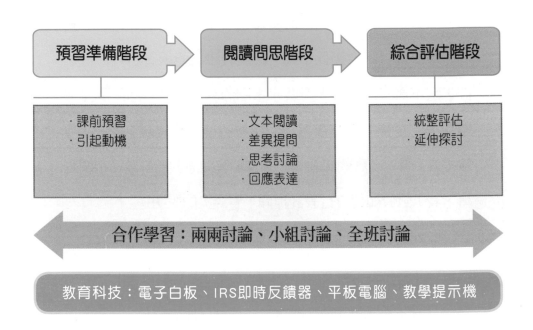

圖 8-4　智慧閱讀教學規劃流程

智慧閱讀教學準備檢核

　　智慧閱讀教學，除了必須熟稔閱讀理解教學中的問思技巧，在課堂中，還會經常使用教育科技工具，因此，在進行教學設計前，教學者必須掌握個人對教育科技工具的熟悉度及學生的資訊能力，更重要的是確認教學環境中的軟、硬體資源。有了確實的準備分析，才能設計出可行的智慧閱讀教學方案，也才有可能享受到智慧閱讀教學的效

能。「智慧閱讀教學準備檢核表」請見表 8-3。

表 8-3　智慧閱讀教學準備檢核表

學生的資訊能力	□熟悉打字輸入 □熟悉平板拍照 □熟悉平板操作
我可以運用的 教育科技工具	□教學提示機 □單槍投影機 □電子白板 □教育科技整合軟體 □平板電腦 ＿ 臺 □ IRS 即時反饋系統＋反饋器 ＿ 支 □其他

📖 我這樣做

- 依據班級情況填寫檢核表

智慧閱讀教學準備檢核表	
學生的資訊能力	□熟悉打字輸入 ■熟悉平板拍照 ■熟悉平板操作
我可以運用的 教育科技工具	■教學提示機 ■單槍投影機 ■電子白板 ■教育科技整合軟體：教師端操作軟體、學生端操作軟體 ■平板電腦 6 臺 ■ IRS 即時反饋系統＋反饋器 30 支

一、預習準備階段

（一）課前預習，經驗連結

　　學生在課前以三次閱讀的方式進行文本預習，同時，教師以放聲思考示範個人思考歷程，引導學生進行簡易的文本分析，完成「三次閱讀預習單」（參見附錄），對文本產生初步理解及覺察個人在閱讀理解上的問題（自我理解監控）。

　　學生年紀愈小，預習單愈需要提供明確的題目，指引學生閱讀的目標，久而久之，才能培養出學生自主閱讀和自我理解監控的能力。例如：三次閱讀預習單可提供指定回答的問題，不僅提供學生閱讀方向，也利於全班觀摩討論；同時，亦保留部分開放填答，鼓勵學生主動提出第二項，甚或第三項發現、想法。

📖 我這樣做

- 請學生課前完成〈松鼠先生的麵包〉三次閱讀預習單。

國語預習單　第十三課 　年　班　座號：	課名： 松鼠先生的麵包 姓名：
第一次閱讀〔讀出印象〕 主題 / 疑惑 / 有趣	1.從標題你認為這一課的內容應該在說什麼？ 2. ⋮
第二次閱讀〔讀懂內容〕 重要語句 / 知識 / 段落大意	1.這一課當中，有哪些描述情緒的四字語詞？ 2. ⋮
第三次閱讀〔讀出寫法〕 優美佳句 / 修辭 / 結構 / 取材	1.這一課當中，你覺得哪一句最能讓你感受到失敗的沉重？ 2. ⋮

SMART 小幫手──做好準備進課堂～「預習」

　　在智慧閱讀課堂中，學生會有大量需要思考、討論、回應表達的機會，因此，確實預習才能幫助學生掌握內容，利於課堂活動的進行。但，預習也是需要指導的，透過教師的放聲思考，示範如何進行閱讀預習，學生才比較有可能掌握預習方法，達成預習目的。同時，可以配合課堂教學時的提問設計，尤其是較困難的提問，在預習單上先安排奠基題，讓學生可以在課前有初步的思考。

　　在初期，建議先在課堂上安排共同預習的時間。第一次，由老師帶著做；第二次，老師稍微講解提示後，讓學生自己做，但，老師必須行間巡視，即時給予學生指導協助。至於該安排幾次課堂共預才夠呢？這必須視班級學生的熟練情形決定。但，老師一定要記住，不要急著要求學生一次上手，或為了讓學生能交出完美作答的預習單，急著告訴他們答案。**「學習，是要學習的！」**透過責任漸進釋放，逐步培養學生的預習能力。

（二）引起動機，導入主題

　　教師透過學生三次閱讀預習單的觀摩發表、生活經驗連結或相關主題知識的介紹，引起學生學習興趣，在導入文本的閱讀理解學習活動前，可以運用 IRS 即問即答針對文本內容進行前測，能夠幫助教學者掌握學生預習及對文本初步理解的情形，也能作為教學結束時後測的參照。

　　📖 我這樣做

- 引起動機活動後，進行 IRS 前測

  教師於課前先設定好 IRS 即問即答題目約 5 題，學生以 IRS 反饋器作答；作答後，教師可公布每一題的作答結果，但暫不進一步分析討論，同時，為鼓勵學生在後續學習活動中，透過思考討論達成理解，此時也不公布正確答案。

〈松鼠先生的麵包〉前測題目示例	
題目	選項
1. 依據課文，松鼠先生的願望是什麼？	(1) 他想吃好吃的麵包。 (2) 他想學習做出麵包。 (3) 他想做出好吃的麵包。 (4) 他想發明新口味的麵包。

二、閱讀問思階段

　　這一階段將透過系統化的教學程序，在多次提問的循環下，引導學生完成多層次的閱讀理解。因此，進行教學規劃時，將以前一步驟中設計好的提問為主軸，評估學習者先備能力後，提供差異提問；同時，依據問題的難易度，決定應該採用何種合作學習方式協助學生思考、討論，達成閱讀理解；最後，依據題型和效果，選用教育科技工具。透過智慧教室中的教育科技輔具，看見思考、發現差異、做出教學決策，幫助學生確認個人的理解，也提升課堂的教學成效。

（一）閱讀問思四步驟

　　在智慧閱讀教學中，閱讀問思是重要主軸，針對文本分析所設計的每一個提問，在教學時，都必須確實實施閱讀問思四步驟：文本閱讀→差異提問→思考討論→回應表達。這四個步驟為一個循環，而每一題就是一個循環（如圖 8-5）。

圖 8-5　閱讀問思教學四步驟

步驟一：文本閱讀

　　學生已具備課前預習的閱讀經驗，在此階段的閱讀為聚焦於指定範圍（句、段或篇）進行，並取得更詳細的文本線索，為提問的回應做準備。

步驟二：差異提問

　　教師針對學生的程度和問題的難易度，調整出適應學生的問題型式，給予不同提問方案（差異提問）。教學時，提問由不給予任何提示的 A 方案著手，若學生無法回答，則採用 B 方案，給予鷹架及提示引導；C 方案則是以選擇或配對的方式來確認學生的認知與理解，對學生負擔較小。

SMART 小幫手──差異提問 A B C

　　這是一個以學生為中心的適性設計，教師依據學生先備能力分析，事先掌握學生可能遭遇的難點，並預備由難（A）至易（C）三種提問設計方案，A 方案完全不給予任何提示，B 方案則提示線索、給予引導，C 方案則以排除學生口語表達能力影響的簡易題型作答，如：選擇題、配合題等、連連看等。

📖 我這樣做

Q1：「揉壞的麵團、焦掉的麵包，堆得跟大樹一樣高。」真的是要說
　　明失敗品堆積的高度跟大樹一樣高嗎？這樣誇張的寫法，主要想
　　表達什麼事情？〔推論訊息〕

· 本題希望引導學生覺察誇飾法的運用目的，提問層次不難，但，學生可
　能無法在短時間內以流暢的語句表達自己的想法，因此，在 B 方案中，
　給予答題鷹架；若仍無法順利回答，則提供選項進行判斷。

方案 A：原提問

方案 B：第一、二段中，松鼠先生製作麵包的過程順利嗎？他的反應
　　　　如何？

方案 C：請學生選答：

　　（1）是，用來表達松鼠先生做麵包的技術很差，很不用心。

　　（2）不是，只是用誇張的方式表達松鼠先生浪費食材，很不
　　　　　應該。

　　（3）不是，只是用誇張的方式表達松鼠先生成功前經歷很多
　　　　　次的失敗打擊。

　　（4）其他

步驟三：思考討論（問思設計＋合作學習＋教育科技工具）

在智慧閱讀教學規劃中，這一步驟開始，需要**加入合作學習方式**，甚或教育科技工具的考量，也就是依據前一步驟的差異提問，採用不同的互動形式及教育科技工具。

合作學習是指透過不同的互動形式，以解決問題，完成理解答題，分為全班討論、兩兩討論、小組討論等不同互動形式。第一、二層次或較簡單的問題採全班討論或個人思考的方式；第二、三層次或稍難的題目，則採兩兩討論或小組討論，合作完成理解；更難的第四層次問題，則由小組討論，彙整三人以上的思考，進一步討論出共同的理解或意見。

當學生年級愈高，在進行小組思考討論時，也可以設計讓學生使用平板電腦上網檢索資料的開放式題型，這將有助於提升問題解決、批判創造思考的能力。

須注意的是，無論以何種互動形式進行同儕間的討論交流，仍須讓學生有足夠的時間先產出個人的想法，「先個人思考，再合作討論」，才能發揮團隊合作的效能。

📖 我這樣做

Q1：「揉壞的麵團、焦掉的麵包，堆得跟大樹一樣高。」真的是要說
　　明失敗品堆積的高度跟大樹一樣高嗎？這樣誇張的寫法，主要想
　　表達什麼事情？〔推論訊息〕／先個人思考再小組討論

・本題提問層次不難，但，學生可能無法在短時間內以流暢的語句表達自
　己的想法，因此，個人思考後，透過同儕分享、討論，以有效梳理答案。

方案 A：原提問

方案 B：第一、二段中，松鼠先生製作麵包的過程順利嗎？他的反應
　　　　如何？

方案 C：請學生選答

　　　（1）是，用來表達松鼠先生做麵包的技術很差。

　　　（2）不是，只是用誇張的方式表達松鼠先生浪費食材，很不
　　　　　　應該。

　　　（3）不是，只是用誇張的方式表達松鼠先生成功前經歷很多
　　　　　　次的失敗打擊。

　　　（4）其他

步驟四：回應表達（問思設計＋合作學習＋教育科技工具）

在思考討論後，必須透過表達，才能了解學生的理解情形。在智慧閱讀教學規劃中，除了因應問思中的題型設計，也需要考慮合作學習形式，並善用教育科技工具，來決定回應表達的方式，如圖 8-6。

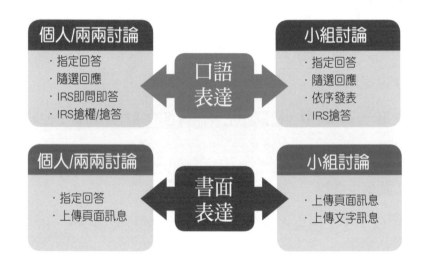

圖 8-6　智慧閱讀回應表達方式

在傳統的教學模式，學生回應表達後，教師不易保留作答情形，而在智慧閱讀教學中，教育科技輔具可以提供多元的回應表達方式，如：教師使用挑人工具，隨機選取學生回答、使用 IRS 搶權或搶答，活絡課堂答題氣氛，提高學生參與度、使用 IRS 即問即答，呈現每位學生在評估他人見解後個人思考的結果、使用平板電腦，透過文字表達小組統整後的想法，並將頁面訊息上傳到電子白板的討論平臺（或

書寫在白紙上，由教師利用教學提示機協助上傳），進行後續的觀摩討論……；而作答後，IRS答題之統計結果、小組上傳之頁面訊息、討論過程中，在電子白板上的批註頁面……等答題記錄，皆會被保留於教師端電腦中。簡言之，在智慧教室工具的輔助下，教學者依據不同的教學需求及合作學習形式，可以靈活運用電子白板、IRS即時反饋系統、平板電腦等工具，配合智慧教室軟體，進行隨選挑人、搶權、即問即答、作品上傳等作答設計，打造具挑戰性及變化性的動感課堂，亦可更方便、即時、有效地呈現每位學生的閱讀理解結果。

📖 我這樣做

Q1：「揉壞的麵團、焦掉的麵包，堆得跟大樹一樣高。」真的是要說明失敗品堆積的高度跟大樹一樣高嗎？這樣誇張的寫法，主要想表達什麼事情？〔推論訊息〕／先個人思考再小組討論

方案A：原提問

方案B：第一、二段中，松鼠先生製作麵包的過程順利嗎？他的反應如何？

· 本題在差異提問A、B方案中，小組討論後，使用平板作答，並將答題頁面上傳至IWB；接著，教師引導全班針對各組發表進行觀摩討論。

方案 C：請學生選答

　　（1）是，用來表達松鼠先生做麵包的技術很差，很不用心。

　　（2）不是，只是用誇張的方式表達松鼠先生浪費食材，很不

　　　　應該。

　　（3）不是，只是用誇張的方式表達松鼠先生成功前經歷很多

　　　　次的失敗打擊。

　　（4）其他

· 本題在差異提問 C 方案中，小組討論後，學生可整合評估個人與同儕觀點，以 IRS 反饋器進行即問即答；教師透過教育科技整合軟體，立即統計全班的作答情形，若錯誤率偏高，則在進一步討論後，進行二次作答。

SMART 小幫手──要「翻牌」嗎？

　　在教學中，掌握學生的想法是很重要的，確認誰學會了、誰還不會，才能照顧每一個孩子，「把每個孩子帶上來」。在傳統教學中，教師會透過舉手問答，了解學生選答情形，於是，答錯的人，不只是教師掌握到了，全班同學也都看到了，這對內向的學生，或需要較多時間思考的學生而言，幾次錯誤作答下來，不僅可能失去學習信心，也可能會逐漸逃避學習。

那麼，有更好的方法，既能掌握學生理解情況，又能維護學生的學習尊嚴嗎？這就是使用 IRS 進行選答最主要的目的。既然如此，那麼對於簡單的題目、大多數人都答對的題目，就不應該翻牌，曝露誤答者的身分；提供安全的學習情境，誤答者會在後續的討論中，重新判斷、修正思考，同樣達成學習目標；長期下來，學生會知道，在課堂上可以大膽依據自己的想法嘗試解題，建立積極正向的學習態度。

所以，永遠不翻牌嗎？

當然不是！對於一些無標準答案的題目，翻牌可以提供學生多元觀點的思辨訓練；或是大多數人答錯，只有少數人答對的情形下，翻牌請正答學生發表看法，則更能激勵學生，提高學習信心。

三、綜合評估階段

此階段，教師須引導學生回顧本節課的學習重點，並檢核個人理解學習情形；亦須適時規劃延伸學習活動，透過加深、加廣或連結回個人生活，提升學生閱讀學習的價值。最後，可利用 IRS 即問即答進行後測，確認學生理解程度，作為是否需要進行補救教學之參考。

（一）統整評估

教師利用 3～5 分鐘，提出問題，如「本節課你學到了什麼？」、「上完這一課，你還想知道什麼？」讓學生得以回顧學習歷程，並評估自己的學習成果。這是很容易被教師忽略的一個步驟，但，真的很重要！我們必須引導孩子透過確實檢視個人在課堂中的學習，才能覺察個人的學習問題、深化學習效果。這樣，在上完一堂教師用心設計的智慧閱讀課後，孩子不僅記得課堂的學習樂趣，也能習得該堂課的學習重點。

（二）延伸探討

教師依據文本內容特性或相關主題，提出課後學習任務，幫助學生深化學習，或連結回個人生活，讓閱讀更具意義。最後，以 IRS 即問即答進行後測，並呈現前、後測統計圖，讓學生清楚看到自己的學習成效，強化學習信心與興趣。

📖 我這樣做

　　〈松鼠先生的麵包〉一課中，作者運用了許多寫作技巧，生動描述主角努力過程中的心情感受，這些富含感情的文句，值得學生用心咀嚼。而故事中，促成主角成功的因素不只一個，引導學生從中反思、與個人經驗比較，進而重新覺察成功要素，將有助於學生未來遭遇困難時，建立正確的處遇態度。

1. 讀完這一篇文章，你印象最深的句子或段落是什麼？請說說你的想法。〔個人思考→兩兩討論〕〔隨選挑人〕

2. 還有什麼疑問嗎？〔個人思考〕〔IRS搶權〕

3. 延伸學習（家課）：由松鼠先生的成功經驗，你認為成功需要哪些條件？請寫出兩項，並說明理由。

　　若任課的教室為未具備教育科技輔具的一般教室，仍可參考本章之教學方案設計流程，而在規劃時僅須著力於問思設計及合作學習，如此亦可成就一個高效的閱讀教學課堂。

SMART 小幫手──該「搶權」？還是「挑人」呢？

搶權，如同傳統課堂的舉手搶答；挑人，比較像是老師隨機抽點（但傳統課堂中也常是刻意指定）。所以，您或許可以想想，在傳統課堂中，何時會開放搶答？何時抽點作答？

一般而言，當提問較簡單時，透過「搶權」可以提高參與度，活絡氣氛；若是基本題或是經過討論應該人人可作答的題目，透過「挑人」，則能讓學生安心，答對了，還能增加學習信心。

對於稍有難度的題目，老師可以透過事先預告「挑人」，提升學生思考討論的專注度；若是高難度的題目，則建議使用「搶權」，讓已有想法的學生發表後，再引導全班思考，以提高教學效率。

基本原則就是，透過工具提高教與學的效能，營造安全友善的學習氛圍。

智慧閱讀教學規劃示例

一、課名：**松鼠先生的麵包**

二、來源 / 出處：**翰林四上國語教科書**

三、設計者：**徐慧鈴**

四、文本分析

（一）主題細節

　　1. 本文為記敘文。一直想做出好吃麵包的松鼠先生，不斷遭遇失敗，也不斷努力嘗試；最後卻因意外沾了眼淚的麵包，而找出成功製作麵包的關鍵。

　　2. 關鍵語句

　　‧ 松鼠先生一直想做出好吃的麵包。

　　‧ 他試了又試，每次都烤焦。

　　‧ 朋友們看他那麼認真，都跑來幫忙。

　　‧ 揉壞的麵團、焦掉的麵包，堆得跟大樹一樣高。

　　‧ 松鼠先生從信心滿滿，變得垂頭喪氣。

　　‧ 就在這時候，第一批沒烤焦的麵包出爐了！

　　‧ 松鼠先生高興得滿樹爬上爬下，感動得淚如雨下。

　　‧「只有甜味的麵包，一點都不特別。」

・「怎麼會這樣！」……，他想了一下，立刻明白了……

・沾了眼淚的麵包

・「原來成功是一種美妙的滋味，而失敗是一種必要的調味！」

（二）形式特色

1. 以「背景、經過、結果、感想」的結構安排，說明解決問題的經過，並凸顯主角努力不懈、虛心自省的特質。

2. 透過描述受到朋友幫忙、一連串的挫敗，及主角的堅持，促使讀者察覺成功之不易，並坦然面對過程中的失敗。

3. 文中使用映襯、對話、感嘆的技巧，生動勾勒出主角的心情，讓讀者更能感同身受。

（三）主旨寓意

1. 失敗為成功之母。

2. 成功有時需要朋友的協助，有時需要機運，都需要把握。

3. 在失敗中，往往能找到成功的關鍵；經歷過失敗，才更能體會成功的可貴。

五、學生經驗能力簡述

　　這一篇故事的敘寫結構，對學生而言，已有多次學習經驗，在結構安排上，應稍加引導回顧即可。但在描述問題解決過程與人物情緒

的鋪陳技巧上，對於映襯、誇飾、感嘆的交互運用，學生尚未能掌握，應進一步引導學生學習，達成讀寫結合。

六、教學目標

（一）能連結個人經驗評估文本的寫作重點。

    1. 能整合段落重點，提出作者的寫作目的。

    2. 能推估作者在描述心理感受時用字遣詞的意涵。

（二）能透過討論，詮釋文本內容。

    1. 能掌握跨段落的訊息。

    2. 能了解克服挫敗，獲得成功的關鍵。

（三）能使用科技輔具提升學習成效。

七、教學活動規劃

問思教學	合作學習	教育科技工具
一、準備活動（引起動機，導入主題）		
1. 你有親手烘焙麵包點心的經驗嗎？那是件容易的事嗎？請和大家分享你的心得。	個人思考	搶權
2. 你會想要自己動手烘焙麵包點心嗎？	小組討論	IRS 即問即答
3. 前測	個人思考	IRS 即問即答
二、發展活動（提問討論，深入理解）		
Q1：「揉壞的麵團、焦掉的麵包，堆得跟大樹一樣高。」真的是要強調失敗品堆得跟大樹一樣高嗎？這樣誇張的寫法，主要想表達什麼事情？〔推論訊息〕	個人思考	IWB
※ 以下依據學生能力不同，提供差異提問 ABC 方案。		

方案 A：原提問 ◎參考答案：不是，只是要凸顯在成功前，松鼠先生經歷了多次失敗，打擊很大。	小組討論	PAD、上傳頁面訊息
方案 B：第一、二段中，松鼠先生在製作麵包的過程中順利嗎？他的反應如何？		
方案 C：請學生選答	小組討論	
(1) 是，用來表達松鼠先生做麵包的技術很差，很不用心。		IRS 即問即答
(2) 不是，只是用誇張的方式表達松鼠先生浪費食材，很不應該。		
(3) 不是，只是用誇張的方式表達松鼠先生成功前經歷了很多次的失敗打擊。		
(4) 其他		
◎參考答案：(3)。若有學生選(4)，則請學生發表想法，引導全班檢視其合理性，除拓展思考，亦增加辨析訓練。		
*教師補充寫作技巧：「誇飾法」，並請學生仿作一句。（學生兩人共作，再經小組內分享討論後，擇定小組代表作。）		IWB 上傳文字訊息
Q2：文中怎麼形容松鼠先生在第一批沒有烤焦的麵包出爐時的興奮反應？〔提取訊息〕	個人思考 兩兩討論	IWB IRS 搶權
◎參考答案：高興得滿樹爬上爬下，感動得淚如雨下。		
Q3：在本課當中，松鼠先生做麵包依序經歷不同的努力階段，在不同階段中，他的情緒分別有什麼變化？請由課文中找出支持你想法的證據。〔詮釋整合〕	個人思考	IWB
*教師發下答題單，學生書寫後，拍照上傳工作區。		PAD 作品觀摩

階段	情緒	描述語句		
開始嘗試	信心滿滿	松鼠先生一直想做出好吃的麵包，認真的試了又試。	小組討論	
遭遇失敗				
初嘗成功				
思考調整		怎麼會這樣？		
獲得肯定				

◎參考答案

階段	情緒	描述語句
開始嘗試	信心滿滿	松鼠先生一直想做出好吃的麵包，認真的試了又試。
遭遇失敗	垂頭喪氣	一次又一次的失敗，打擊著松鼠先生。揉壞的麵團、焦掉的麵包，堆得跟大樹一樣高。
初嘗成功	高興感動	高興得滿樹爬上爬下，感動得淚如雨下。 眼睛一亮、味道剛好。
驚訝思考	難以置信	怎麼會這樣？
獲得肯定	感慨萬分	受到大家讚賞、原來成功是一種美妙的滋味，而失敗是一種必要的調味！

＊教師補充寫作技巧——「感嘆法」，並請學生再次找出文中使用感嘆法的句子，仔細讀出句子所要表達的情感。

Q4：作者為什麼要安排沾了眼淚的麵包作為松鼠先生烤出成功麵包的關鍵，你認為他的主要用意是什麼？〔比較評估〕	個人思考 兩兩討論	IWB
方案A：原提問	個人思考	
方案B：眼淚是鹹的，而大家一開始試吃時，都覺得麵包太甜了，這對松鼠先生帶來了什麼樣的啟發？	小組討論	隨選挑人
◎參考答案：因為努力過程不斷遭遇失敗，很辛苦，所以流淚；而淚水的鹹度，卻是調味的關鍵，也就是說，因為經歷失敗流淚，才更能體會成功的可貴。		
方案C：請學生選答		IRS即問即答 ※若有選答（4）者，優先指定發表；若正答率偏低，則挑人發表選答看法後，進行二次作答。
(1) 作者想告訴大家，沾了眼淚的麵包才是世界上最美味的麵包。		
(2) 作者想告訴大家，因為失敗流淚，才更能體會成功的可貴。	個人思考	
(3) 作者想告訴大家，做麵包要有創意，凸顯出解決問題要發揮創造力的重要。		
(4) 其他		

Q5：「成功是一種美妙的滋味，而失敗是一種必要的調味」，請根據課文內容說明這句話的意思。〔推論訊息〕	個人思考 小組討論	IWB 隨選挑人
◎參考答案：在失敗中，往往能找到成功的關鍵；經歷過失敗，才更能體會成功的可貴。		
Q6：本課中的刪節號有什麼作用？〔比較評估〕 方案A：原提問 方案B：教師請學生以適當語氣朗讀有使用刪節號的句子，並提醒學生用心感受語氣上有何不同？ ◎參考答案 　1.表示語句未完、意思未盡，如：「貓小姐教他用桿子揉麵，狗先生教他用尾巴煽火……」。 　2.表示語句斷斷續續，如：「好……好像太甜了！」	個人思考 小組討論	IWB IRS搶權
三、綜合活動（綜合活動，延伸探討）		
1.讀完這一篇文章，你印象最深的句子或段落是什麼？請說說你的想法。	個人思考 兩兩討論	IWB、 隨選挑人
2.還有什麼疑問嗎？	個人思考	IRS搶權
3.延伸學習（家課）：由松鼠先生的成功經驗，你認為成功需要哪些條件？請寫出兩項，並說明理由。	個人思考	
4.後測	個人思考	IRS即問即答

Chapter

9

啟程：智慧閱讀課程地圖

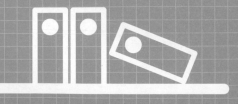

　　經過前述章節對於智慧閱讀的回顧與論述，想必讀者對於智慧閱讀教學模式已有整體性的理解，對於我們許多的具體作法與應用技巧也有了可操作性的認知，接下來，心動，不如馬上行動。本章即將呈現的是智慧閱讀的「課程地圖」，將本書所有的重點內容重新回顧一番，並序列規劃相關學習主題。如果您是學校的校長、主任等行政領導者，本章的內容就是一份完整的研習或培訓計畫；如果您是一線的語文教師或閱讀推動者，那本章就可以讓您按圖索驥，透過不同課程主題的分部學習或區塊培訓，讓自己能有系統的、序階性的學習智慧閱讀所需的相關知能。啟程，出發！

概覽認知：智慧閱讀是什麼？

　　2011 PIRLS 評量手冊 **❶** 的序言明白指出：「閱讀是人們所有形式的學習與知識成長之基礎，更是國家社會經濟成長的重要因素。在全球化的時代，各國公民的知識水準，即代表了國家的競爭力，而知識的汲取卻來自於國民的基本閱讀能力。」國際教育成就評量學會（International Association for the Evaluation of Educational Achievement, 簡稱 IEA）下設「促進國際閱讀理解能力研究」（Progress

---

❶ Mullis, I. V. S., Kennedy, A. M., Martin, M. O., & Sainsbury M.（2009）. *PIRLS 2011: Assessment Framework and Specifications*（2nd）. MA: TIMSS & PIRLS.

in International Reading Literacy Study, 簡稱 PIRLS）即是為了如上的目的而進行的。然而,「閱讀」一詞所指的,其實是「閱讀理解能力」,並非僅指用目光注視書本的生理行為。依 PIRLS 的定義,「閱讀理解能力」是指:學生能從各類不同的文本中理解、建構其意義,從而透過閱讀學習、參與社會活動,並獲得閱讀的樂趣。由此可推知,閱讀教學的目標乃以閱讀為核心,建構學生的閱讀素養與自學能力,作為開展各領域學習及社會生活應用的基礎。

　　近年來教育界積極推展「分組合作學習」,以臺灣教育部建置的「教室教學的春天」主題網站的說明中,即指出 ❷:「合作學習」（cooperative learning）是一種教學型態,是指兩位以上的學習者,透過彼此的互動互助及責任分擔,完成共同的學習任務,或達成共同的學習目標。這種教學方式著重學習者的參與,及以學習者為中心的教學設計,提供學生主動思考、共同討論分享或進行小組練習的機會,使教學不再局限於老師的直接教導。在學習的過程中,每位學習者不但要對自己的學習負責,也要幫助同組的成員學習。在多數的中小學班級中,因為學生的人數較多,為了讓學生有更多、更密切互動及參

❷ 參見 http://www.coop.ntue.edu.tw/qa.php

與的機會，多半需要把學生分成若干小組來進行教學，所以稱為「分組合作學習」。此學習模式至少可以達成以下目標：1.師生角色的調整；2.學生學習動機與態度的改善；3.班級氣氛的改變；4.學生學習成效的精進。在閱讀討論的過程中，若能以分組合作學習的方式進行，將可使閱讀教學發揮更佳的效能。

　　閱讀教學的困難點之一，在於**「學生的閱讀理解難以被看見」**。如何在課堂教學歷程中即時掌握學生的理解狀況，並以最便利、合適的方式來表達，經常是閱讀教學者最關心的議題之一。當今現代教育科技的積極發展，已經在服務課堂的教學與學習等方式，取得極大的進步。張奕華等人（2012）❸指出，以「智慧教室」這套教育科技系統為例，它可提供課堂「教」與「學」服務，教室中具有便利、效能、智慧等特性的 ICT 教學輔具。完整的教育科技系統應提升到每位學生都有載具，並且實現教學、評量、診斷、補救等四大E化工程皆能兼備。以目前的設備而言，教育科技系統完整的教室通常具有電子白板，IRS即時反饋系統、平板電腦、教學提示機等設備，並加總成為可以有效服務教學與學習的教育環境。

---

❸ 張奕華、吳權威、許正妹、吳宗哲、王緒溢（2012）。**智慧教室與創新教學：理論及案例**。臺北市：網奕資訊。

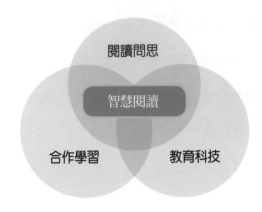

圖 9-1 智慧閱讀教學模式

　　智慧閱讀模式（如圖 9-1），即是指以閱讀問思教學為主軸，基於小組合作學習之共學機制，在教育科技設備的輔助下，建構完整的閱讀理解教學與學習的模式。期許師生能積極試練與實踐此模式，讓教育科技適切融入教學情境，展現優質之閱讀理解教學。

厚實基礎：智慧閱讀的理論基礎是什麼？

閱讀理解與提問思考

　　PIRLS 將閱讀的目的依文類，區分為兩種：一、故事體：讓讀者獲得文學閱讀的經驗；二、**說明文：**讓讀者達成資訊提取的任務。故

事體以人物、情節與場景為構成的基本元素❹，理解其脈絡發展，說明文則是以資訊呈現或觀點表達為主要擷取對象，兩者在閱讀理解時的運思有所不同。因此，閱讀時，讀者會運作其認知（或後設認知）能力對閱讀的材料進行理解。

　　此外，PIRLS 指出，閱讀理解其實是一段追求意義的歷程（直接理解與間接理解），依此，所謂的「閱讀理解層次」即是將讀者在閱讀歷程中，基於個別理解與認知的不同程度，分成四個層次類別（types）：**「提取訊息」**、**「推論訊息」**、**「詮釋整合」**、**「比較評估」**，以判析讀者在閱讀特定文本的時候，對該文本的理解程度：

一、提取訊息

　　讀者必須依提問內容，直接找出文章某段落的詞中提取出特定且重要的訊息，包含與主題密切相關的訊息，以及文本所顯露的特定想法與論點、重要字詞或句子的定義、故事的重要訊息等。

二、推論訊息

　　讀者必須依提問內容，連結段落內或段落間的上下文，推斷出訊息間的關係。主要是某些事件因果關係的理解，語意模糊的詞語，某代名詞的指稱對象等訊息關係的推論。

---

❹ 陳碧月（2010）。**小說欣賞入門**。臺北市：五南。

三、詮釋整合

　　讀者需要運用自己的知識或經驗，整合文章各段的重要內容，再以「自己的話」回應提問的內容。例如，文本主題的確認或全文大意的歸納，人物角色特質的詮釋，跨段訊息的比較，文中訊息在真實世界中應用的可能性，某些語氣或氣氛的詮釋等。

四、比較評估

　　讀者需用自己的知識或經驗，比較、批判或評價作者所表示的特定意旨或寫作形式，包括作者的寫作目的或主旨，文章表現的形式與讀者的關係等。

　　成熟的讀者在閱讀過程中，通常會自動進行「提取訊息」和「推論訊息」，以取得對文章內容的基本理解；若要進一步「詮釋整合」以及「比較評估」，則需要讀者提取其既有知識或經驗，建構自己對文章更深層的理解與評估批判。

　　若在不同的四個層次均能呈現出高度理解者，我們即認為他應是一個優秀、成熟的讀者。因此，在檢測學生「閱讀理解能力」時，即可根據一篇字數內容合宜的短文（以 10 歲的孩子而言，大約是 1,200 個中文字），加上不同理解層次的題目與選項設計，在學生回答後，即可推估學生在不同「閱讀理解」層次的表現情形。簡言之，閱讀理

解歷程評量主要是藉由故事體與說明文兩大文類的閱讀材料，加上設計良好的提問設計，來檢視其閱讀理解四層次的表現情形。

合作學習

關於合作學習，臺灣教育部專案計畫主持人張新仁（2013）指出 ❺，合作學習乃是指兩個以上的人，透過彼此的互動互助及責任分擔，達成共同的學習目標或學習任務。合作學習著重學習者的參與，強調以學習者為中心，提供學生主動思考與討論或小組練習的機會，讓教學不再局限於老師的直接教導，每位小組成員不僅要對自己的學習負責，也要幫助同組的成員學習。具體的方式為：有需要共同完成的目標、有共同的待決問題、有需要合作完成的任務、共同構思小組組名以增進認同感、組內資源共享、角色互補與責任分擔、安排利於共同學習的環境、同心協力作組間競爭、榮辱與共、小組表揚。

若能長久實施，所獲的好處有：提升小組合作或討論品質；提升主動思考與發表能力；除了課堂學習之外，課後也能主動學習；展現學生「學會」不一定要靠老師「教完」的自主學習；接納不同背景與能力同學，主動相互協助課業學習，並且感化特殊學生，同儕情感增溫，發展出「學習共同體」關係。

---

❺ 參見 http://www.coop.ntue.edu.tw/file/20141007101649.pdf

教育科技系統

　　教育科技系統是整合現有的教育科技軟體與硬體設備，所形成的整合式教育科技應用環境。雖然在實際的教學現場中，不一定能同時擁有最先進的教育科技軟硬體，但學校教學設備科技化（ICT）的趨向，例如教室配備有電子白板、IRS、平板電腦等設備，皆是可預見的未來。因此，智慧閱讀以前瞻性的構思，將閱讀問思、合作學習，加上教育科技系統的搭配運用，即可形成多元化的「智慧閱讀教學模式」（如圖 9-2），展現未來閱讀教學的無限可能。

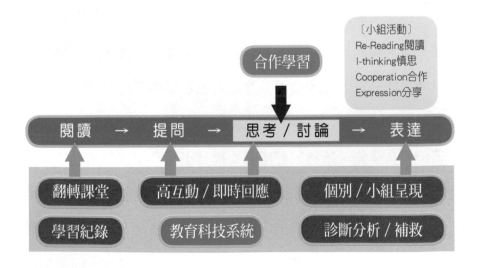

圖 9-2　閱讀問思、合作學習與智慧教室關係圖

　　「閱讀問思教學」是指以閱讀理解相關理論為基礎，建構教師對閱讀材料的「文本分析」與「提問設計」的專業能力，進而規劃問題導向的「閱讀理解教學」，促發學生對文本內容的互動思考，期以提升學生不同層次的閱讀理解能力。因此，「智慧閱讀模式」，即是指以閱讀問思教學為主軸，整合小組合作學習的共學機制，在教育科技設備的輔助下，建構完整的閱讀理解教學與學習的模式。其教學程序整合示意如表 9-1。

表 9-1　智慧閱讀模式教學程序

教學程式	問思教學	合作學習	教育科技
一、準備活動	1-1 課前閱讀	個人閱讀	線上課程
	1-2 提問思考（連結）	個人 / 兩兩 / 分組	回應想法
二、發展活動	2-1 三次閱讀	個人 / 兩兩 / 分組	電子書包
	2-2 直接歷程問題	個人 / 兩兩	即時反饋 IRS
	2-3 間接歷程問題	個人 / 兩兩 / 分組	電子書包 / 實物投影
三、綜合活動	3-1 回顧學習	個人 / 兩兩	電子書包
	3-2 未來期許	個人	線上省思

實踐推動：《智慧閱讀學校培訓計畫》示例

一、計畫目標

以閱讀問思、合作學習及教育科技三元共構的智慧閱讀模式，打造智慧閱讀示範學校，提升學生學習成就，展現個人閱讀素養與智慧學校教育的價值。

二、參與對象

中學或小學教師（以分組形式培訓）。

三、計畫架構

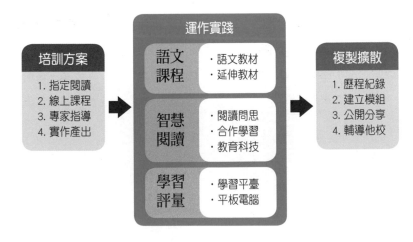

圖 9-3　智慧閱讀培訓計畫架構

四、運作模組

以實作淬煉模組、以模組複製擴散。

（一）閱讀課程模組

1. 語文教材（課內）：擇取數篇課文進行提問設計與問思教學（以略讀課文優先）。

2. 延伸教材（課外）：擇取課外文本數篇，進行閱讀策略教學設計（含預測、連結、摘要、評估、理解監控等）。

（二）閱讀教學模組

1. 準備活動：課前預習（以學習平臺進行線上預習）。

2. 發展活動：以電子白板、IRS 或平板電腦進行「閱讀、提問、思考、表達」。

3. 綜合活動：學習回顧／自我評估。

4. 課後延伸：以學習平臺進行自主補救教學。

（三）學習評量模組

1. 課堂即時回饋（電子白板／ IRS ／平板電腦）。

2. 語文定期評量內含閱讀理解測驗（以雲端測評系統提供報告）。

3. 以標準化評量進行學生前後測之檢測（配合自動閱卷系統）。

（四）培訓諮詢模組

  1.指定閱讀：閱讀《高效閱讀——閱讀理解問思教學》、《智慧閱讀——多媒體語文教學模式與實踐》等專書。

  2.翻轉課堂：規定時間內於線上學習平臺進行影音培訓或相關文本閱讀。

  3.專家指導：專家帶領指定閱讀之討論；文本分析、提問設計或教學規劃之回饋；觀課議課；評量與檢測結果分析等。

（五）複製擴散模組

  1.參訓教師應配合將歷次研習心得紀錄並於學習平臺分享。

  2.由智慧閱讀走向智慧語文（應用於聽、說、讀、寫四面向）。

  3.教師於計畫完成後，整理實踐運作情形並公開發表。

五、培訓課程內容與實施程序

  此培訓以智慧閱讀觀念導入為先，輔以公開課教學演示及工作坊實作課程，在最短的時間內，讓參與研習的教師能理解智慧閱讀的運作模式，作為未來實踐之基礎。其後，為參訓教師之班級學生進行閱讀能力前測，作為培訓後學生學習成果改變的參照。教師完成四次培

訓課程後，即為該班學生進行學習成就之後測，評估學生進步情形。最後，學校可整理培訓成果舉辦一場發表會。

（一）課前預習專書

請所有參與培訓的教師，必須在培訓前完成以下任務：

1. 閱讀《高效閱讀——閱讀理解問思教學》與《智慧閱讀——多媒體語文教學模式與實踐》兩本專書。

2. 自行於學習平臺預覽關於此書之影音內容（每位老師皆有專屬帳號）。

3. 於培訓開始前三天，於學習平臺上傳閱讀專書之收穫、心得與疑惑。

（二）集中培訓：智慧閱讀概論

○○○○ 年	上午 9:00-12:00	下午 13:00-16:00
○月○日	智慧閱讀教學模式	文本分析
○月○日	提問設計	教學規劃

■ 培訓日期建議安排在開學前一週。

（三）實施班級閱讀理解評量前測

於開學初進行閱讀理解評量前測。由參訓學校協助施測，並交由配合之教育科技系統公司負責閱卷，生成診斷報告。

（四）實作培訓：智慧閱讀實踐

	第一天 上午 9:00-12:00 ／ 下午 13:00-16:00	第二天 上午 9:00-12:00
3 月	文本分析與提問設計（實作）	學校教師公開課／授課講師議課
4 月	分組合作學習模式與要領（實作）	學校教師公開課／授課講師議課
5 月	整合閱讀理解策略於提問之中（實作）	學校教師公開課／授課講師議課
6 月	智慧閱讀教學設計（實作）	學校教師公開課／授課講師議課

（五）實施閱讀理解評量後測

於期末進行閱讀理解評量後測。由參訓學校協助施測，並交由配合之教育科技系統公司負責閱卷，生成前後測比較之診斷報告。

（六）舉行智慧閱讀成果發表暨研討會

期末舉行智慧閱讀教學成果發表會，展現教師與學生學習成果。

Chapter

10

雁書遠來：
來自成都的一則教學誌

故事一：初識

成都師範銀都小學／鍾敏

用文字與大家初識，我先說一個故事，一個學生小蕾的故事。

小蕾是個姑娘，身子細弱，眼睛黑亮。一年級入學起，便極少答問，被老師抽中，許久站起，竭力想擠出笑容，眼裡卻是驚慌與不安。

「嗯……」她開始說話，聲音低弱幾乎聽不見，字與字之間似乎隔條馬路，許久才能跨接過去。每次，體貼的同學們都靜默傾聽，眼神鼓勵。終於，她回答畢，坐下。我猜想，每次回答對她而言，都應像剛經歷過一場世紀劫難。

小蕾就是這樣一個膽怯的姑娘。然而，就是這樣一個姑娘，四年級時，在她的日記裡，對我說：「每當老師提出一個問題時，我心裡就會試著默默地回答。同學們回答時，我會很認真聽他們發言，與自己心中的答案做一個對比。如果答對了，我很開心；如果錯了，也不會在意，因為這是只有我才知道的錯誤。」

有段時間，課堂看見她專注的眼神，竟不忍心過多抽問，彼此眼底給個心知明瞭的眼神，允許她保有內心小小的安穩。

爾後大約一年半時間，我開始嘗試以智慧閱讀的方式進行教學。聊天時問起學生的收穫，小蕾又說（是的，還是在日記裡）：「每次

老師打開 HT 軟體，我的心中就會刮過一陣風，有時是凜冽的寒風，有時是溫暖的春風。使用反饋器作答，哪怕胸有成竹確定了這個答案，心裡依然不放鬆，總覺得答案會有瑕疵，或是害怕自己按錯鍵。直到選擇統計圖出來，才會放心。幸好，老師基本是不翻牌的，說只要看統計圖來知道我們每人的想法，聽她這樣說，我的心裡會有一種說不出來的快樂。」

多數的人都期待自己的聲音能被聽見，然而，內向的孩子大多選擇以「無聲」的方式來表示想法。

小蕾曾說，她喜歡用筆寫下自己的喜怒哀樂，筆是她的嘴巴。現在，這只小小的反饋器，能讓老師立時聽見課堂上她思考的聲音，也就意味著，小蕾又多了一張表達思想的「嘴巴」。

所以，小蕾，我聽見了你。

於是，每次談起智慧閱讀，就會想起小蕾的故事，一股暖意便湧上心頭。

與智慧閱讀的初識，是在 2015 年 9 月的寧波，有幸聆聽許育健老師的講座。許老師將智慧閱讀分解為「閱讀問思，透過不同層次的好問題讓學生讀懂」、「合作學習，讓小組以合作又競爭的方式解決任務」、「教育科技，多媒體工具輔助學生看見自己的思考」三個板塊，帶領老師們一同學習。

　　「閱讀理解問思教學」最迷人之處便是問題設計——提取資訊、推論訊息、整合詮釋、比較評估。好問題的背後，是步步皆景的探索。師生從不同層次、角度解讀文本，如同一次次思維的出行，有時曲徑通幽，有時豁然開闊，沿路充滿著邏輯之美；加上合作學習的分享解惑、科技運用時的即時回饋，同伴間彼此可見，彼此可助，途中又生出一份默契與情誼。

　　這樣的初識對我是剛好的吸引，設想是否可運用於自己的教學實踐中。又是剛好，2015年10月，許老師來到成都推廣智慧閱讀。於是，我和班級孩子對於智慧閱讀的認知，便在語文教學的日常，漸漸清晰起來。

故事二：建構

　　建築學上有一個詞語，叫做建構，它包括設計、構建、建造，是三位一體的建築過程反映。其實，教學也需要建構，思想自老師和書本處得來，鎔鑄自己思想的模子卻須來自於自我的認知與實踐。

　　臺灣與成都兩地教學形態差異頗多。單以教材為例，成都師生使用北師大版教材，主題單元多，課文篇目也多。如五年級下期教材便包括10個主題單元，共計26篇主體課文，以及10篇獨立閱讀課文。

　　智慧閱讀非常適用在「單元語文天地」之「獨立閱讀課文」中。

我們一般會採用同年級老師認領文章，設計問題，製作 PPT 的方式，完畢後傳送給大家，資源分享。教學時藉由 IRS 即時回饋學生資訊，當堂看見每個人的思考。

最難是主體課文教學，它承載著包含閱讀理解外的更多語文教學任務，如朗讀、識字、語詞、句段寫作等。一篇課文，臺灣老師可用 5 個課時完成，僅「閱讀問思教學」，學生討論、研究、回饋，1 ～ 2 課時都可。然而，成都老師教學一篇主題課文時間大多只有 2 課時，在有限的課堂時空裡，必須完成字詞積累與朗讀指導，閱讀理解甚至簡單的讀寫結合。

「閱讀問思教學」不等同於「語文教學」，它是語文教學的核心之一，卻不是語文教學的全部。對成都老師而言，需要在已有文本與教法的基礎上，設計並建造出智慧閱讀在課堂中的適宜比例。

這，是很重要的建構。

融合

「小朋友才完成兩個問題的討論，一節課就結束了。」

「連朗讀指導的時間都沒有，還算語文課嗎？」

……

沒錯，時間不夠用，這是初次嘗試智慧閱讀的老師們最常說的話。

將課文的學習分解為問題的串聯，將思考和表達的主動權交還給孩子。IRS 的使用能看見不同人的思考，小組合作中交流著不同人的見解。但，老師在接納學生「不同」的同時，也意味著要接納學習時間的無限延長。

不如，每篇文章選擇一個閱讀問思點，兩節課時間，不能面面俱到，卻可深入某處。執教四年級下冊文章〈包公審驢〉時，按照如下的步驟進行 1 課時的教學：

1. 預習回饋（IRS 回饋）。

2. 朗讀片段，創設故事情境。

3. 自主探究，釐清包公審驢步驟並概括（IRS 回饋）。

4. 角色扮演，講述民間故事。

5. 學習思辨，如何看待「智謀」（IRS 回饋）。

學習一篇民間故事，自然需要朗讀感受簡單明快的民間語言，討論有趣誇張的人物情節，當然，也不乏閱讀問思的合作研討——學生整合詮釋文本後，透過 IRS 回饋小組概括出的包公審驢步驟。課堂教學時，孩子們沒能達成共識，因這對於中年級孩子是閱讀理解的難處。於是，老師滲透了閱讀理解的方法，有了自主探究的思維鋪墊，便水到渠成。

取捨

　　將「閱讀理解問思」溫柔地融合於平常教學中，也有上得不盡興時。

　　「閱讀問思很有意思，整節課我的腦子像風車一樣都在轉著。」

　　「可以一直讀書討論下去嗎？」

　　……

　　有時，孩子們會這樣說。眾人思維碰撞碰出的火花太過吸引，大腦被成功回答的興奮和高速運轉的緊張興奮環繞著，如同觀看一場戲劇，敲鑼打鼓聲起，演員們粉墨登場，怎麼捨得戛然而止？

　　不如，眼光放長遠些，由一篇文躍至一本書，來次率性的取捨吧！

　　五年級下冊主體課文共 26 篇，從中選取出五篇適合的篇目——〈龍的傳人〉、〈牛和鵝〉、〈凡卡〉、〈普羅米修士的故事〉、〈閱讀大地的徐霞客〉，作為閱讀問思學習專項課程，2～3 課時需要的操作步驟為：

　　1. 完成三次預學單

　　2. 進行閱讀問思教學（IRS 回饋）

　　3. 談論學後收穫

　　課堂流程簡單了，對老師設計問題的能力卻提出更高的要求。我

常端坐於書本之前，感覺自己也與孩童一般，凝神貫注，認真研習；及時查閱學生的三次預學單，了解他們的自讀理解水準，力圖給予最精準、有效的引導。

這裡特別要提到智慧閱讀教學常使用的三次閱讀預習單。它包含三次有目的的閱讀：讀出印象、讀懂內容、讀出寫法，用固定的模式滲透閱讀法則，培養學生自主閱讀的能力。

閱讀是一次完整的過程：閱讀材料，吸收資訊，整理資訊，形成自己的想法；再通過文字、口述、圖畫等方式輸出；三次閱讀預學單是否也可是一次完整的紀錄呢？

我們強調學生用筆來思考，強調學生用書面語言及時記錄或更正自己閱讀的理解。將三次預學單使用於課前、課中、課後，貫穿學生學習的全過程。既是預學單，更像筆記本，上面記有學生獨立閱讀的冥思苦想，課堂交流後茅塞頓開的修改，也有學習完畢後的補充與提升。

尤其課後，當孩子們用文字的形式將課文的內容縫補完善時，大腦裡，他又將自己的思維整理並輸出一次了，這便是一條更為深入、縝密的閱讀路徑。

索性，將三次閱讀預學單命名為「三次閱讀學習單」。於此，我們受益良多。

動物界的建築師——澳大利亞磁石白蟻，能利用地球磁場來建造南北走向的白蟻丘。寬闊的東西面用來吸收早晨和傍晚的微弱陽光，相對狹窄的兩面則對準正午炙熱的陽光。利用太陽不同方向的光照強度，平衡白蟻丘內部的溫度。

閱讀教學本無定法，融合、取捨……，我們嘗試建造出智慧閱讀在課堂中的適宜比例，不也正為找尋到孩子觸摸文本的最佳溫度嗎？

故事三：成長

教學即研究，根植於日常教學當中。實施智慧閱讀一年半時間，它成為教學常態，我也好奇於教學方式的調整能帶給學生怎樣的改變。研究前後，班級 29 名學生均參加了智慧閱讀測評，形成個人報告。圖 10-1 為班級前測與後測資料對比，資料變化折射出學生的成長。

「閱讀理解問思教學」強調學生閱讀理解時思維能力的培養，具體表現為推論、摘要、比較、分析等方面。從圖 10-1 資料可見，學生的「直接推論」「詮釋整合」能力分別提升了 6.21%、6.2%，足可見其實效所在。

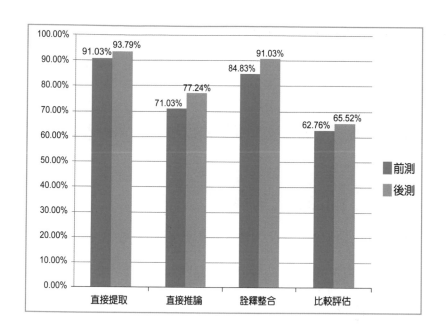

圖 10-1　班級前測與後測對比

我從與孩子的問答中，感受到他們的成長。如：

一、喜歡智慧閱讀嗎？

28 個孩子填寫「非常喜歡」，除去小宜，但小宜自有理由：「我填寫『一般喜歡』是有原因的，我知道使用 HT 軟體後更具公平性，

能關照到每個同學。但，實在太喜歡在課堂上回答問題了，請問機器可以滿足渴望回答問題的人的願望嗎？」

二、智慧閱讀最吸引你的地方是什麼？

「反饋器的搶答功能激發我回答問題的欲望，和同學競爭，其樂無窮。」

「隨機抽人，抓住漏網之魚，哈哈！」

「最初計時器的聲音讓我害怕，每當我聽見這聲音，便神經緊繃。記得一次討論問題，只有 3 分鐘時間，還要將討論結果拍照上傳。萬一討論慢了，或字寫得潦草，怎麼辦？於是，我們抓緊時間，認真討論、記錄，早早完成任務，被老師表揚。當學會化壓力為動力時，最害怕的東西就有了吸引力。」

「思想可以和別人交流，收穫良多；錯誤可以及時改正，而非一錯到底。記錄大家的學習狀態，而非最突出的幾個。」

三、如何看待閱讀問思教學與傳統教學方式？

「傳統閱讀教學重在品讀和感悟，一句一段，扎扎實實；閱讀問思強調每個人的思考，二者統一最好。」

「其實都是教的方式，關鍵在於我們如何去學。」（孩子，這也

是我想說的。）

從孩子的故事中，也感受到他們的成長。最後我想談談我任教的孩子中，一個個性非常固執，像個蠻牛般的小亦。

記得去年6月，上五年級上冊課文〈朱鸝飛回來了〉，其中一段這樣寫著：

「他們來到一片稻田中隱蔽起來。天氣很熱，蟲子不停地對他們進行騷擾，但是，大家都忍耐著，盡量減少活動，免干擾觀察。苦苦等候多時，他們終於看見兩隻白色的鳥兒一前一後從遠處的山谷裡飛來，輕輕地落在一棵大樹上。」

「文章11自然段圍繞哪個詞語重點描寫呢？」我問，PPT出示答案選項。

教室裡一片安靜，所有人都陷入閱讀或沉思。

「嘟──」計時器宣布時間到，孩子們按下反饋器，做出選擇。

資料分析一出，A、B、C、D四個選項收穫各自的「擁戴者」，原本鴉雀無聲的課堂喧鬧起來，大家眾說紛紜，莫衷一是。每個選項的擁戴者們分別委派同學代表說理由，而後小組探討，再次做出決定。

資料統計圖顯示，同學們基本都對文段有了準確理解，做出正確的選擇，不，怎麼還有一人堅持不更改呢？

是小亦，所有人都心照不宣地微笑，做好回覆的準備。

果然，小亦舉起了手。

「我想陳述自己的理由。」小亦站起身，慣例滔滔不絕地展開話題，慣例在空中揮舞自己雙臂，似乎這樣可增加語言的說服力。同學們也紛紛舉起手，試圖採取車輪戰說服小亦。但慣例，小亦依靠倔強的性格和堅持不懈的精神不折不撓地抗爭著。

「好吧，我放棄！」與之辯駁的欣宜喊道。

小亦定定站著，臉色平靜，不見勝利的興奮，他只在堅持一件事，捍衛自己獨特思想的權利。

我不禁笑了，拍拍他肩：「下課後我們去辦公室繼續討論吧！」

每接到一個新班，我都會遇見小亦這樣的孩子，聰明而固執，不輕易改變。即使外面的世界變化得翻天覆地，混亂成兵荒馬亂，他依舊沿自己的路，獨行到底。

孩子們都有自己必須完成的閱讀創造，我所理解的創造，是能將文字由視覺圖像轉換為思想的原動力，逐漸發展出對文章的回應，對學習同伴的回應。當按下回饋器，看見資料統計圖，小亦也看見自己每次作答的不同。他與同學、老師間一次次那麼珍貴的回應，那麼珍

貴的彼此打開、嘗試接受，也可算作孩子內在世界的一種建構吧！

　　寫時忽然想起，今年起小亦甚少來辦公室，他應該開始結伴同行了。

　　夏丏尊先生說：「在語感銳敏的人的心裡，『赤』不但解作紅色，『夜』不但解作晝的反面吧。『田園』不但解作種菜的地方，『春雨』不但解作春天的雨吧。見了『新綠』二字，就會感到希望、自然的化工、少年的氣概等等說不盡的情趣，見了『落葉』二字，就會感到無常、寂寥等等說不盡的意味。真的生活在此，真的文學也在此。」

　　先生談的是語感，我想到的卻是──閱讀問思，不但解作「透過不同層次的好問題讓學生讀懂」；合作學習，不但解作「讓小組以合作與競爭的方式解決任務」；教育科技，不但解作「多媒體工具輔助學生看見自己的思考」；更解作每個學生得到關注後智慧與情感的並生，如春日植物般萌發，那般勃勃生機。

（謝謝銀都小學五年級八班的孩子們，我們是師生，更是學習的同伴。尤其謝謝為這篇文章提供稿件的心蕾、峻宏、弘毅、思優，以及回答問卷的欣宜、芹菜、子暢、卓然等同學，你們的認真，我都一一記錄。）

我們都遇見智慧閱讀，在路上……

　　在原有學校生源、師資、管理水準的條件下，又要盡快實現教學品質的大幅度提升，我們應當怎麼走？是延續過去，還是改變現在？我為改變而來！再多的學習和培訓、感動、震撼，都只有扎扎實實在教學實踐中去落實，去改變，才有意義！我們現在的每一點改變，都是將來爆發時的一份能量！

成都市天府新區興隆小學　陳洪平

　　「問渠哪得清如許？為有源頭活水來。」智慧閱讀猶如一股涓涓清泉，滌去我們內心的倦怠，重燃我們教育的情懷。感謝許教授，感謝智慧閱讀，讓我們「遭遇」了一場風格獨特的教學變革。

成都市天府新區華陽小學　游曉紅

　　許教授說閱讀就像旅行，是啊，不同方式領略的風景也不同。孩子是先聽到再看到這個世界，高效閱讀為孩子後天的閱讀能力培養鋪建了一條康莊大道，閱讀和閱讀能力就如硬幣的兩面，有了一面才有另一面，漫漫閱讀道路需要你我守護孩子前行！

成都市天府新區萬安小學　賈科

　　「文本分析」直取語文核心，令人受益匪淺；PIRLS 閱讀
理解讓語文教學撥雲見日；「三次閱讀法」讓閱讀精益求精；
「許氏」小組合作法如醍醐灌頂。改變，創造精彩！

成都市天府新區劉公小學　蘇長根

　　秋高氣爽的季節，遇見了你——智慧閱讀。一次次思維
的碰撞，一次次心靈的洗禮。三次閱讀——分層提問——小
組合作——智慧教室，學生成為課堂真正的主人。在思與答
中，他們的閱讀能力得以提升。很感謝，感謝在最美的季節
遇見最美的你！

成都市天府新區正興小學　汪君

智美成文有所得，慧穎點睛為何人？

閱盡天下千萬文，讀領風騷皆成章。

許諾學子新視野，育人為本是良人。

健碩博學達天下，教人求真必務實。

授銜名師仍求本，獨愛詩文誦古今。

成都市天府新區天府四小　伍嬌

《遇見──再見》──和育健老師度過的時光

初聞，

溫文爾雅，循循道來

遇見──育健（老師）

再識，

問思教學，三次閱讀

靜學──沉思

重溫，

文本分析，合作學習

體驗──實踐

再見，

智慧閱讀，閱讀智慧

期待──盼望

下次再見！

成都市天府新區大林小學　李遠勤

相識，因智慧閱讀而心潮澎湃；

相知，因問思教學而心花怒放；

相熟，因運用操作而心靈震撼；

相念，因師恩難忘而心緒難平！

願君佳作，天人共賞！

成都市天府新區正興小學　蔣琳

後記

創造更好的自己

◎徐慧鈴

初識智慧閱讀，並不清楚其中奧妙，只是育健老師一反平日的沉穩，在闡釋智慧閱讀時，愈談愈起勁，像是要參加校外教學的孩子，興奮地勾勒著心中的計畫……。我一直是個充滿好奇心、喜歡自我挑戰的人，聽著、聽著，愈覺得好奇，「閱讀課，加上教育科技工具，似乎很有意思呢！」不過，促使我決定加入智慧閱讀團隊的關鍵，卻是因為老師一句：「如果覺得太困難，不想做也沒關係！」困難，從來不是我投降的原因；不簡單，就更值得試試！就這樣，開始了我的 SMART 探索之旅。

閱讀了這本書，您應該對於 SMART Reading 的內涵，有了基本的認識，也就更能體會我在摸索過程中，經歷多大的挑戰與打擊……，在不斷試誤、探究中，從茫然、挫折，漸漸豁然開朗。當有了「柳暗花明又一村」的感受，這才明白老師的用心——唯有自己體悟出的，才會深刻，才能真的「知道」。

　　除了「遇見更好的自己」這樣的信念，育健老師時常說「我們在做有意義的事」，都是支持我堅持下去的原因。因為，在課堂上，看到學生的高度參與回饋；在校內，成立智慧閱讀教師專業學習社群；在校外分享中，感受到教育界夥伴對智慧閱讀進一步探究的興趣；再回顧自己實踐歷程中曾遭遇的棘手問題，我開始有了整理智慧閱讀實踐流程的想法，希望幫助更多有心改變教學的教師，能夠少經歷些挫敗，更容易掌握要領，經驗師生彼此成就的心流課堂。

　　在整理書稿的過程中，我再次仔細認識智慧閱讀教學，也在回顧中，發現自己的成長與改變，正所謂「學學半」，當我們在教的歷程中投入愈多，反饋就愈多，收穫也愈豐碩。「遇見好老師，是學生最大幸運！」一路走來，除了一直出難題，督促我前行的育健教授，讓我不斷發現不一樣的自己；時常給予我溫暖鼓勵的賴阿福教授，讓我總能帶著力量迎向挑戰；吳權威教授及梁仁楷博士，和他們的研發團隊，總是無私指導，讓我對科技工具在教育上的應用有更深刻的認識。我真心感謝，能幸運遇到我的好老師們，及所有伴我前行的可愛人們。

　　這本書，不僅是教師進行多媒體語文創新教學的參考工具書，對我而言，更是自己在智慧閱讀領域成長蛻變的紀錄。現在的我，依舊在智慧閱讀領域中探索，但更多了些主動，不再被動地等著老師引領我去遇見更好的自己，而是更勇敢、更堅定地去「創造更好的自己」。

相信開啟這本書，並閱讀至此的您，心中也藏著對教學的無比熱忱，此刻，也應該激盪出不同的教學想法，「相信，就有力量；改變，從行動開始」，Make your own magic！

讓一切發生吧！

◎林雨蓁

　　從前，從前，有二座高聳入雲端的山，一座叫做「太行」，一座叫做「王屋」。年近九十歲的愚公一家人住在山的北邊，二座高山擋住了出入，因此愚公一家人決定將山移走。

　　這個故事的結局，你一定不陌生吧！令我印象最深刻的是愚公的話：「只要我們想做，一心一意的做下去，這二座高山終有被移走的一天。」依稀記得兒時覺得愚公的精神令人感到佩服以外，又有一種遙不可及的感覺。沒想到自己也有一天會像愚公一樣，一心一意地嘗試進行某件事情，過程中即使跌倒也得再次爬起來，朝目標前進。

　　「堅持」與「努力」是完成每件事情的重要鑰匙。進行「智慧閱讀教學」，就像是用鑰匙打開許多不同的寶盒，每開啟一個，看到五彩繽紛的顏色，令人驚呼連連，而能進一步將教學心得以一本書的方式呈現，更是我從來沒想過的事情。

　　這段歷程除了自己的堅持與努力，更重要的是獲得許多貴人相

助。最感謝的就是恩師許育健教授，在教授鉅細靡遺的指導與協助之下，讓我能看到教室裡最美麗的風景！

　　進行一項與資訊設備相關的教學革新，設備的支援是很重要的，「工欲善其事，必先利其器」，感謝網奕資訊集團吳權威教授的鼎力相助；一個開放且支持教學的學校環境，行政單位與同仁們是我最大的靠山，感謝學校時常鼓勵老師們要勇於教學創新，感謝侯明賢老師、林昱成老師給予資訊上的支援；當教學遇到瓶頸，身旁的前輩們總是慷慨地提供寶貴的教學專業知識，感謝陳招治老師、簡曉筠老師無私地幫助我；當身處於教學的撞牆時期，掉到泥沼中爬不起來時，感謝對我伸出援手的陳彥均老師、徐慧鈴老師，何其有幸能在教學的路上與你們相識；最後，感謝我的家人，給予強大的精神鼓勵。

　　想想，有這麼多人的幫助，我是多麼幸運啊！

　　寫後記時，我不禁想起自己與恩師的一段對話。老師問我：「為何想要以智慧閱讀進行教學？」

　　我毫不遲疑地回答：「因為我想改變。」

　　我想改變，為自己的教學注入新的泉源；我想改變，看到教室裡那充滿希望的眼神；我想改變，只為了那一張張純真的笑容。我真的很想看見，教室裡那最美麗的風景。

　　謹以此書，獻給所有愛我及我所愛的各位。

附錄

SMART 便利包

SMART 文本分析表

一、課名：
二、來源 / 出處：
三、設計者：

四、文本分析

（一）主題細節

（二）形式特色

（三）主旨寓意

SMART 細項能力 vs. 提問檢核表

層次	細項理解能力	提問設計檢核
提取訊息	1-1 找出與特定目標有關的訊息	
	1-2 找出特定的想法、論點	
	1-3 重要字詞或句子的定義	
	1-4 指出故事的關鍵場景或行動	
	1-5 找出文章中明確陳述的主題句或主要觀點	
推論訊息	2-1 推論出某事件所導致的另一事件	
	2-2 在一串的論點或一段文字之後，歸納出重點	
	2-3 找出代名詞與主詞的關係	
	2-4 描述人物間的關係	
	2-5 進行文章主要內容的排序	
詮釋整合	3-1 歸納全文主要訊息或主題	
	3-2 詮釋文中人物可能的特質，並以行為與做法佐證	
	3-3 比較及對照文章跨段落的訊息	
	3-4 推測故事中的語氣或情境氣氛	
	3-5 詮釋文中訊息在真實世界中的應用	
比較評估	4-1 評估文章所描述事件，確實發生的可能性	
	4-2 描述作者如何安排讓人出乎意料的結局	
	4-3 評斷文章的完整性或闡明、澄清文中的訊息	
	4-4 找出作者論述的立場與目的	
	4-5 指出作者的寫作手法與技巧	

SMART 提問檢核修正表

教師手冊原提問 （對應細項能力）	檢核結果	調整修正	説明
	□保留 □修改 □刪除		
	□保留 □修改 □刪除		
	□保留 □修改 □刪除		
	□保留 □修改 □刪除		
	□保留 □修改 □刪除		
	＊增加		

■ 説明：請依實際提問數增列欄位。

SMART 提問順序表

一、課名： 二、來源 / 出處： 三、設計者：		
題號	題目	對應細項能力
Q1		
Q2		
Q3		
Q4		
Q5		
延伸		

■ 說明：請依實際提問數增列表格。

SMART 智慧閱讀教學準備檢核表

學生的資訊能力	□熟悉打字輸入 □熟悉平板拍照 □熟悉平板操作
我可以運用的 教育科技工具	□教學提示機 □單槍投影機 □電子白板 □教育科技整合軟體 □平板電腦 ___ 臺 □ IRS 即時反饋系統 + 反饋器 ___ 支 □其他：

■ 說明：請依實際操作需求增列項目。

SMART 教學規劃表

一、課名： 二、來源 / 出處： 三、設計者：
四、文本分析 （一）主題細節 （二）布局手法 （三）核心意旨
五、學生經驗能力簡述：
六、教學目標：
七、教學活動規劃：

問思教學	合作學習	教育科技工具
◎課前預習		
（一）準備活動（引起動機、導入主題）		
（二）發展活動（提問討論、深入理解）		
（三）綜合活動（統整評估、延伸探討）		

SMART 三次閱讀預習單

國語預習單　第　課　　課名： 　　年　班 座號：　　姓名：	
第一次閱讀〔讀出印象〕 主題 / 疑惑 / 有趣	1. ⋮
第二次閱讀〔讀懂內容〕 重要語句 / 知識 / 段落大意	1. ⋮
第三次閱讀〔讀出寫法〕 優美佳句 / 修辭 / 結構 / 取材	1. ⋮

智慧閱讀教學規劃示例

一、課名：**把愛傳下去**

二、來源／出處：**康軒六下國語教科書**

三、設計者：**林雨蓁**

四、文本分析

（一）主題細節

1. 本文為說明文。家扶基金會秉持信念，幫助許多貧困的孩童，其中受幫助的林慶台與林智勝二人，小時候受到家扶的幫助後，奮發向上，長大時也能竭盡所能幫助其他人，並將這份愛傳下去。

2. 關鍵語句

- 「哪裡有需要，家扶就在哪裡。」
- 基金會認為孩子的未來，不應被貧窮所羈絆。
- 林慶台和林智勝小時候都曾受過家扶中心的扶助。
- 因父親驟逝，家庭經濟困頓，家扶人員千里迢迢來部落聽林慶台的苦惱。
- 「沒有家扶，就沒有今天的我！」
- 林慶台竭盡所能付出，幫助部落青少年找到自己的一片天。
- 黃醫師得知林智勝的家境窘迫，每個月資助生活費……

．林智勝立志把這份無私的愛延續下去。

．「做這件事，比擊出全壘打更快樂！」

．每一份扶助，帶動愛的循環，像漣漪一樣不斷擴散開來⋯⋯

（二）形式特色

1. 以「總說、分說、總說」的結構安排，文章開頭為「總」，先
說明家扶基金會的信念；中間第二到第六段為「分」，舉二位
受家扶幫助的名人為例子；最後再以家扶基金會對社會的貢獻
和影響為總結。

2. 六十多年，接受家扶幫助的貧困兒童有十七萬名，本文以電影
明星、職業棒球明星為例子，接受他人的幫助後能心懷感恩，
並且將這份愛傳遞下去，引起年輕讀者的共鳴。

3. 本文的事例可區分重點為「什麼人、被幫助的原因、被幫助的
方式、有什麼成果」，然而，本文共提及三位人物的名字，
只有二位人物才是文章所舉的例子，確定讀者能理解文章的
事例是本文很重要的一環。

（三）主旨寓意

1. 面對困難要抱持正面的態度。

2. 學會發揮愛心幫助他人。

3. 在困難的處境中，接受他人的幫助後，能奮發向上，並且將

愛的精神傳遞下去，也去幫助需要被幫忙的人。

五、學生經驗能力簡述

　　這一篇文本談論傳遞愛的能量並帶動愛的循環，學生曾學習具相似意旨的文章〈藍絲帶〉，所以，學生能盡速理解將愛源源不斷的傳遞下去的概念，而且，學生也有使用表格整理文章重點的經驗。

　　本篇課文舉人物為例來說明事理，對六年級的學生而言，已經有多次面對說明文的學習經驗。出現於課文中的三位人物，只有二位人物才是文本中所敘述的事例，然而，學生尚未擁有如此高的敏銳度，因此，進行課文的教學時，教師宜逐步引導學生理解事例，才能讓學生在一問一答中，理解說明文總分總的結構，並學習到本文舉例說明的方式，達成讀寫結合。

六、教學目標

（一）能從文本中找出與閱讀目標有關的訊息、行動。

（二）閱讀文本後，能對文章進行比較與分析。

　　　1. 找出代名詞與主詞的關係

　　　2. 找出作者論述的立場、寫作手法

（三）能透過討論，學會用圖表比較及對照文章訊息。

（四）能在小組內進行合作學習 TBL 以完成課程的任務。

（五）能流暢地使用智慧教室的資訊輔具。

七、教學活動規劃

問思教學	合作學習	教育科技工具
一、準備活動（引起動機，導入主題）		
1.播放 YouTube 影片「善的蝴蝶效應，記得把愛傳下去」		IWB
2.這是一部沒有字幕、沒有對話的短片，只用肢體來表達。你覺得這一部影片在表達什麼呢？	個人思考	IRS 搶權
3.和這一課有什麼關聯呢？	個人思考	隨機挑人
4.回想曾經學習過的課文，哪一篇文章與本課有相似的概念呢？	個人思考 兩兩討論	IRS 搶權
二、發展活動（提問討論，深入理解）		
Q1：家扶基金會關注怎麼樣的對象？〔推論訊息〕	個人思考	IWB
※ 以下依據學生能力不同，提供差異提問 ABC 方案。		
方案 A：原提問 ◎參考答案：貧窮和弱勢的孩童、或家庭突然遭遇困境的小孩	小組討論	PAD、 上傳頁面訊息
方案 B：第一、三、五段中，哪類型的孩童被家扶基金會所幫助呢？	小組討論	
方案 C：請學生選答	個人思考	
(1)關注善心的人士		IRS 即問即答
(2)志工夥伴		
(3)有需要的小孩〔※答案〕		
(4)會打棒球的人		
*教師可於選答後，請學生再度閱讀第一、三、五段，小組討論後並將關鍵語句劃記，抽人拍照上傳頁面。 （關鍵語句，例如：不應被貧窮所羈絆、弱勢孩童、父親驟逝，家庭經濟陷入困境、家境窘迫）	個人思考 兩兩討論	IWB PAD、 拍照上傳

Q2：作者舉了哪二位人物作為本文的例子？〔推論訊息〕 方案 A：原提問 ◎參考答案：林慶台、林智勝	個人思考	IWB
方案 B：請找一找文中總共出現了哪幾位人物？其中哪些 　　　　人物在文中是屬於「需要被幫助的」？	小組討論	IRS 搶權
方案 C：請學生選答 　　　（1）林慶台、黃醫師 　　　（2）黃醫師、林智勝 　　　（3）林智勝、林慶台〔 ※ 答案〕	個人思考	 IRS 即問即答
＊教師可於本題得知，學生是否理解本文例子中的主要角色，教師 　才能繼續探討有關這二位人物被幫助的原因、被幫助的方式、對 　社會的回饋方式。若學生無法順利答題，建議請學生聚焦於「受 　助者」與「助人者」。		
Q3：在本課當中，這二位受到幫助的人分別遭遇到什麼 　　　事情？當他們長大後，他們選擇做什麼事情？〔詮 　　　釋整合〕	個人思考	IWB
＊教師先請學生個人思考題目意涵，再次從文本中找尋答案。等待 　個人思考後，教師才發下答題單，學生進行小組討論，書寫後， 　拍照上傳工作區。		

受助者	林慶台	林智勝
原因		
家扶幫助的方式		
回饋社會的方式		

小組討論（討論後再寫在學習單）　PAD、IWB 拍照上傳

◎參考答案

受助者	林慶台	林智勝
原因	父親驟逝，家庭經濟困境	家境窘迫
家扶幫助的方式	社工人員到部落聽他說煩惱，鼓勵他讀書	黃醫師資助一個月3,500 元的生活費，讓他能安心打球
回饋社會的方式	盡力幫助部落裡的青少年找到自己的藍天	資助弱勢孩子脫離貧窮

IWB

＊分組上傳作品後，教師於全班討論各組的作品與想法。

Q4：林智勝說：「做這件事，比擊出全壘打更快樂！」，他指的是什麼事？〔推論訊息〕 方案A：原提問 ◎參考答案：和當初黃醫生幫助自己一樣，他也開始幫助弱勢孩子。	個人思考	IWB
方案B：請再次閱讀第六段，林智勝成為職棒球員之後，也開始做什麼事情？	兩兩討論	
方案C：請學生選答 　(1) 這件事指的是能打棒球是一件快樂的事！ 　(2) 成為一職棒選手，代表有自己的工作，不需受他人的資助，所以很快樂！ 　(3) 這件事指的是能做像黃醫師一樣的事情。〔※答案〕	個人思考	IRS 即問即答
*本題的設計旨在確認每位學生是否已能從上一題的討論中找到第六段「做這件事」所表達的意涵。因此，建議本題可以採隨機挑人的方式，確認學生個人的理解程度。	個人思考	
Q5：作者透過這一篇文章，想告訴我們什麼道理呢？〔比較評估〕 ◎參考答案：面對困境，要有正面的態度，奮發向上。接受幫助後，心懷感恩，也能將這份愛的精神傳下去。		
方案B：請再次閱讀第三、五段，林慶台和林智勝遇到困境接受幫助以外，小時候的他們還做哪些事情？進行什麼努力？ 方案C：請學生選答 　(1)竭盡所能的幫助家庭異變與學習逆境的孩童。 　(2)家扶的志工幫助弱勢孩子在成長的路上不再孤單。 　(3)讓家境窘迫的孩子受幫助後，能不愁溫飽，奮發向上。 　(4)其他〔※答案〕	個人思考 小組討論	IRS 即問即答 ※ 若有選答(4)者，優先指定發表；若正答率偏低，則挑人發表選答看法後，進行二次作答。 IRS 搶權

Q6：本課中的引號有什麼不同的作用呢？〔比較評估〕 方案A：原提問 方案B：教師請學生以適當語氣朗讀有使用引號的句子， 　　　　並提醒學生想一想寫作文時使用引號的經驗。 ◎參考答案 　1.表示文章的重點，如：「哪裡有需要，家扶就在哪裡。」這是 　　家扶…… 　2.表示人物的對話，如：他曾說：「如果沒有家扶，就沒有今天 　　的我！」	個人思考 小組討論	
三、綜合活動（綜合活動，延伸探討） 1. 說一說，本節課你學到了什麼？ 　＊先於小組分享後，再分享於全班。 2. 還有什麼疑問嗎？ 3. 延伸學習（家課）：讀完這一篇文章，如果你是作者， 　　你會將本篇文章命名為什麼名字？並寫出你的理由。	個人思考 小組討論 個人思考 個人思考	IWB、 IRS搶權 IRS搶權

國家圖書館出版品預行編目資料

智慧閱讀：多媒體語文教學模式與實踐 / 許育健,
徐慧鈴, 林雨蓁著.-- 初版. - 臺北市：幼獅, 2017.08
　　面； 公分. -- （工具書館；7）
　ISBN 978-986-449-084-4 （平裝）

1.漢語教學 2.閱讀指導 3.多媒體教學 4.中小學教育

523.311　　　　　　　　　　　　　106008757

・工具書館007・

智慧閱讀──多媒體語文教學模式與實踐

作　　　者＝許育健、徐慧鈴、林雨蓁
出 版 者＝幼獅文化事業股份有限公司
發 行 人＝李鍾桂
總 經 理＝王華金
總 編 輯＝劉淑華
副總編輯＝林碧琪
主　　　編＝林泊瑜
編　　　輯＝朱燕翔
美術編輯＝余芯萍
內文繪圖＝陳瑛琪
封面設計＝陳瑛琪
總 公 司＝10045臺北市重慶南路1段66-1號3樓
電　　　話＝(02)2311-2832
傳　　　真＝(02)2311-5368
郵政劃撥＝00033368

印　　　刷＝崇寶彩藝印刷股份有限公司
定　　　價＝280元
港　　　幣＝93元
初　　　版＝2017.08
書　　　號＝916108

幼獅樂讀網
http://www.youth.com.tw
幼獅購物網
http://shopping.youth.com.tw/
e-mail:customer@youth.com.tw